2016

1

总 第 1 期

MINYIN ZHIKU YANJIU

民银智库研究

中国民生银行研究院 ◎ 主编

中国金融出版社

责任编辑：仲　垣　张黎黎
责任校对：孙　蕊
责任印制：程　颖

图书在版编目（CIP）数据

民银智库研究. 2016. 1（Minyin Zhiku Yanjiu. 2016. 1）/中国民生银行研究院主编.
—北京：中国金融出版社，2016. 4
ISBN 978 – 7 – 5049 – 8520 – 0

Ⅰ.①民…　Ⅱ.①中…　Ⅲ.①中国经济—文集　Ⅳ.①F12–53

中国版本图书馆CIP数据核字（2016）第085702号

出版
发行　中国金融出版社
社址　北京市丰台区益泽路2号
市场开发部　（010）63266347，63805472，63439533（传真）
网 上 书 店　http://www.chinafph.com
（010）63286832，63365686（传真）
读者服务部　（010）66070833，62568380
邮编　100071
经销　新华书店
印刷　北京市松源印刷有限公司
尺寸　175毫米×250毫米
印张　13.5
字数　157千
版次　2016年4月第1版
印次　2016年4月第1次印刷
定价　48.00元
ISBN 978 – 7 – 5049 – 8520 – 0/F. 8080

前　言

2015年1月20日，中共中央办公厅、国务院办公厅联合印发《关于加强中国特色新型智库建设的意见》，明确提出要“建设面向现代化、面向世界、面向未来的中国特色新型智库体系，更好地服务党和国家工作大局，为实现中华民族伟大复兴的中国梦提供智力支撑”。

中国民生银行响应党中央、国务院号召，于2015年2月9日批准成立了研究院，作为直属总行董事会领导的智库型研究咨询、决策参谋机构。研究院的定位和使命是服务于中国民生银行董事会的科学决策和全行业务的科学发展，并为全行构建“融资+融智+融商+网融”四轮驱动型业务模式提供有力支撑，致力于持续提升中国民生银行的软实力和影响力。目标和愿景是通过整合全行研究力量和外聘专家，构建高水平研究团队，打造“学术交流平台”，建设、发展成为在国内外有较强影响力的、有中国特色和民生银行特点的国际一流新型“智库”。研究院目前设立宏观经济、金融发展、产业发展、区域经济四个研究中心，并设立了上海分部。

2015年以来，在中国民生银行董事会及洪崎董事长、郑万春行长的正确领导下，在中国民生银行总行各部门、各分行和附属机构的大力支持下，在中国社会科学院金融研究所、国家信息中心中经网公司、新华社经济信息社、中国人民大学重阳金融研究院等兄弟研究机构的热情帮助下，中国民生银行研究院锐意进取、奋发有为，形成了《要报》、《民银智库研究》、《民银智库专题报告》、《每周要闻分析》等系列研究产品，并在行内外赢得了广泛赞誉。

展望未来，中国民生银行研究院将继续加强与国内外智库的合作，碰撞思想、交流心得、深化友谊，共同为实现中华民族伟大复兴的“中国梦”建言献策。

编写小组成员

［组　长］

黄剑辉（中国民生银行研究院　院长）

［成　员］

李岩玉　王静文　应习文　王一峰　刘德伟　张雨陶
刘　杰　刘桂林　刘纪学　张丽云　霍天翔　李相栋
麻　艳　郑后成　吴　琦　徐继峰　吴　强　郭晓蓓
王　润　黄　赫　施元雪　朱军阳　樊慧远

2016

MINYIN ZHIKU YANJIU

1

中国民生银行
CHINA MINSHENG BANK

民银智库研究

总 第 1 期

中国民生银行研究院 ◎ 主编

[综合篇]

[宏观篇]

MULU 目录

2016

1

总 第 1 期

MINYIN ZHIKU YANJIU

民银智库研究

综合篇

建设“中国特色新型智库”应把握三要素

▶ 黄剑辉[①]

智力资源是一个国家、一个民族最宝贵的资源。我们进行治国理政，必须善于集中各方面智慧、凝聚最广泛力量。改革发展任务越是艰巨繁重，越需要强大的智力支持。

——习近平

① 中国民生银行研究院院长。

当前，全球已经进入一个新的发展时代，世界各国之间的综合国力竞争日趋激烈，以智库为载体的软实力迅速成为考量各国国际竞争力的重要因素。在一定程度上来说，如果一个国家的智库走在世界的最前沿，那么这个国家就抢占了全球思想理论阵地的制高点，进而将赢得改革发展的主动权。

近年来，我国智库发展很快，在出思想、出成果、出人才方面取得很大成绩，为推动改革开放和社会主义现代化建设作出了重要贡献。同时，随着形势发展，智库建设跟不上、不适应的问题也越来越突出。因此，我们必须在新的时代背景下考虑智库构建的问题。

从中国的角度来看，我们面临着新的全球政治和经济格局。目前，中国对外面临着非常激烈的全球竞争，对内肩负着实现中华民族伟大复兴“中国梦”的重任。如何去做？建设非常强大的一流智库就变得势在必行，而且是当务之急。面临这样一个使命，如果没有一流智库就很难实现科学决策，没有科学决策中国就很难实现科学发展。所以，要科学决策，要科学发展，就必须要有非常一流的智库。

党的十八届三中全会通过的《中共中央关于全面深化改革若干重大问题的决定》提出，要加强中国特色新型智库建设，建立健全决策咨询制度。其中，“中国特色”、“新型”、“智库”是“中国特色新型智库”的关键词。

一、中国特色新型智库要“以史为鉴”

所谓“中国特色”，并不是抱残守缺保守型的，而是要基于中国的传统文化，特别是传统文化中优秀的成果。2000多年前，春秋战国时期，中国产生了一大批非常有智慧的人，包括管子、孔子、老子这些当时的思想家。所以，中国有着5000年的文明史，从春秋战国时期算也将近3000年，我们这样一个充满历史底蕴的国家，搞不出一流智库，是说不过去的，美国的智库我们也是有可能超越的，我们要对此充满信心。

但怎么超越，除了学美国的一些东西之外，对中国的特色、中国的文化、中国的历史、中国的底蕴，需要很好地挖掘，这一点至关重要。我们的优势就是深厚的历史底蕴和很长的文明史，很多发生在今天的事情，如国有制的改革、土地改革，历史上都讨论过无数次。中国搞智库能够“以史为鉴”。

二、中国特色新型智库要去行政化、机关化

所谓“新型”，就是要打破过去那种纯粹的机关化、行政化。把政府机构的这种机关化、行政化的体制放在一个智库身上、一个研究机构身上，这就是最大的问题，跟官办、民办没有太大关系。“新型”包括新的理念、新的体制、新的机制。

三、建设中国特色新型智库要以对策为导向

所谓智库，不是说挂一个研究所、研究院的名字就是智库，必须要提出有效、管用的对策。智库以对策为导向的研究，就是要求经济学家、金融专家，必须像大夫一样能够用专业的工具、技术进行科学诊断，并能够开得出方子，且按照这个方子服药后要能够治好病。就像古时候的张良、诸葛亮，和平时期对强国富民要提出对策来，而战争时期，“敌人”来了以后，要提出有效的“破敌”之策，这是智库的根本。落实中央关于加强智库建设的文件，如果能够将“中国特色”、“新型”、“智库”这几个词的内涵挖掘清楚，构建相应的体制和机制，就一定能成为很有影响力的智库。

推进供给侧结构性改革是全球走出此轮危机的必由之路

▶ 黄剑辉

2015年11月以来，“供给侧结构性改革”成为中国政策体系中的一个热门词汇，并成为“十三五”及未来一个时期的重点工作。实际上，早在2012年初，财政部财政科学研究所原所长贾康、中国人民银行金融研究所所长姚余栋和国家发展改革委规划司司长徐林和我等七人，以走出此次国际金融危机需要经济学理论创新为着眼点，一起发起成立了“中国新供给经济学50人论坛”，并围绕供给侧改革做了大量研究工作。

一、为什么要强调从供给侧入手

我们之所以强调从供给侧入手，主要基于两个方面的考虑。从国际对比的角度来看，一方面，自2008年国际金融危机爆发以来，世界各国的经济金融政策主要是从需求侧入手，尽管出台了一系列财政政策和货币政策，但效果并不理想，目前仍未走出危机，且局部有加重迹象；另一方面，无论全球还是中国，都面临一系列结构性问题，其中，发达国家收入高但人口老龄化问题严重，陷入“低生育陷阱”，发展中国家人口增速快但收入低，陷入了“低收入陷阱”，而需求管理手段对这种结构性问题几乎束手无策。

从中国改革开放的历程来看，从1978年改革开放到2001年加入世界贸易组织（WTO），供给侧改革一直是改革的主基调。其中，“农村改革”主要是1978年开始解散人民公社，实行家庭联产承包制；“城市改革”主要是20世纪80年代开始进行承包制、股份制和国企改革等方面的探索；“金融改革”主要是1993年开始把工行、农行、中行、建行等国有商业银行同政策性银行分离，创造了金融新供给，为经济发展注入了新活力。

从加入WTO之后一直到2008年国际金融危机爆发，中国对外贸易迅猛发展，经济实现高速增长。甚至在2005—2006年为防止经济过热，中国政府加强宏观调控和政策紧缩。这一时期的一个标志性事件就是，2003年撤销了国家“体改委”，把相关职能并入国家发展改革委，这在一定程度上导致并标志着供给侧改革的停顿和弱化。

2008年国际金融危机爆发后，中国面临两种选择：一种是在适当扩大基础设施建设的同时，继续把着眼点放在供给侧，重启改革；另一种是实施大规模刺激计划。众所周知，中国最终选择了第二条路，出台了4万亿元投资计划。这在推动经济增速反弹方面确实起到了一定的作用，但也产生了一系列问题，包括地方政府债务高、企业杠杆高、部分产业产能过剩等。其间，中国买什么，什么就涨价，尤其是2009—2010年全球石油和铁矿石价格的快速上涨，石油、页岩气产能迅猛扩张，导致全球经济失衡状况继续加剧。

目前这个阶段，中国同样面临两种选择：一种是像欧洲、日本一样，继续采用新一轮的刺激性政策；另一种是把眼光从需求侧转向供给侧，构建促进中国经济中长期可持续发展的新型驱动力。中国政府已经明确选择了第二条道路。实际上，中国所面临的不是短期的、周期性的、外部的冲击，而是中长期的、结构性的、内部的压力。因此，通过以“改革开放、创新创造、生态民生”的新三驾马车作为主驱动力，以基于中长期高质量制度创新、技术创新为核心的“供给管理”部分替代短期凯恩斯式的“需求管理”，才能真正提升要素供给效率，不断拓展市场空间。

二、着力从供给侧入手，改革才能大有可为

从农业来看，中国除黑龙江、内蒙古等地，其他省（区、市）仍然是小农经济、小块土地。限于土地制度的问题，很难实现现代农业的专业化运作，农产品供给质量相对较低。因此，在推进农业现代化方面，如果能够进行土地制度改革，推行“股田制”试点，以农民承包权入股，很快就能释放出生产力。而且，不同的区域引入不同国家的发展模式，例如德国模式、美国模式，江浙一带可以用日本、韩国的农业耕作模式等。

从制造业来看，中国生产的产品以中低端为主。如果能够加大研发投入力度，同时推进国企混合所有制改革，特别是把石油等垄断领域向民营资本开放，通过制度优化来扩大供给主体，将会增强市场竞争强度，提高企业运营效率，从而促进中国制造的产品由中低端走向中高端。中国现在并不是没有需求，例如形容中国人的“暴买族”一词近年曾在日本流行，中产阶级具有很强的购买力，关键是缺乏有效的产品供给。

从服务业来看，中国民众普遍面临入托难、上学难、就医难等问题。这些“难”反映的主要是有效供给的短缺。以北京等大城市为例，此前一直面临打车难的问题，后来有了优步、滴滴等打车软件，一方面引入了专车等新

的供给主体，另一方面可以加价进行激励，不仅破解了打车难的问题，而且提升了服务质量。这个案例可以很好地解释供给侧结构性改革的原理，同时也可以应用到教育、医疗等多个领域。

从基础设施来看，中国仍有很大空间。以中部的河南、湖北为例。河南是中国人口第一大省，但省会郑州目前只有一条地铁；湖北武汉是华中第一大市，但三年前连一条过江隧道都没有。因此，中国基础设施建设与美国、德国等发达国家相比，仍有很大差距，前景依然广阔。

三、必须处理好两组供求之间的关系

理解“供给侧结构性改革”，必须“以供给侧的视角、通过改革的手段、解决结构性的问题”。从具体路径来看，要着力推进两组供求关系的匹配。

一是金融有效供给与实体经济有效需求的匹配。经过改革开放30多年来的快速发展，民营企业已经成为中国实体经济的重要组成部分，但金融体系仍以国有银行为主体，众多中小民营企业的融资需求无法得到有效满足。在这方面，中国可以借鉴德国经济金融发展模式，从金融供给侧入手，用间接金融匹配制造业，放宽民营资本准入，大力发展民营银行，同时建立健全多层次资本市场，破解融资难、融资贵的问题，更好地满足实体经济发展需要。

二是实体经济有效供给与居民实际有效需求的匹配。当前，中国实体经济在中低端产品与服务方面存在产能过剩的同时，在高端产品与服务方面存在有效供给不足。中国需要加大创新投入力度，提升产品品质和服务质量，更好地满足人民群众日益增长的物质文化需要。

通过这两组供求的匹配和联动，才能真正将供给侧结构性改革落到实处。

四、供给侧改革与需求侧管理需要有机结合

我们强调供给侧改革，但并不是说需求侧不重要，实际上，中国未来的经济发展需要供给侧改革与需求侧管理相结合。其中，需求侧管理类似于西医，即通过“服药”、“手术”等手段确保经济运行在合理区间，为改革赢得时间；供给侧改革类似于中医，即通过“强身健体”、“固本培元”等手段提高经济的韧性，为长期持续发展拓展空间。因此，供给侧结构性改革与货币政策、财政政策需要有机结合。

中国新供给经济学50人论坛在助推供给侧结构性改革方面做了大量工作。中国新供给经济学50人论坛的指导思想是“求真务实、融汇古今，开放包容、贯通中西”。其中，“求真务实”，可概述为体现中国黄河文明、汉代主流思想的“梅花精神”；“开放包容”，可概述为体现中国长江文明、唐代主流思想的“牡丹精神”。“融汇古今”、“贯通中西”，就是指中国新供给经济学理论的构建要体现“四个结合”：一是将马克思主义解放和发展社会生产力的原理与中国国情紧密结合，二是将中国特色社会主义理论体系基本原理与不断发展的实践动态需求紧密结合，三是将中国传统经济思想和文化的精华与当代文明先进认识成果紧密结合，四是将经济学已有成果的去粗取精、去伪存真与经济学势在必行的创新突破紧密结合。总体而言，古今思想、中西理论不是两组非此即彼的关系，需要古为今用、西为中用，最

终实现相互统一、融合发展。

五、通过“新供给”淘汰“老供给”，解决产能过剩问题

理解供给侧结构性改革，可以借鉴生活中“更换洗澡水的道理和方法”。把一桶或一盆脏的洗澡水变清，可以选择多种方式。其中，一种方法是等水静下来，脏东西慢慢沉下去，但时间会很久，且最终的水未必清澈。这表明不主动作为，仅是坐等观望，产能过剩的行业可以实现市场出清，但过程会很慢、很难。另一种方法是通过排水管把脏水排出，同时打开进水管引入清水，一段时间后洗澡水将会清澈透明。淘汰过剩产能同样如此，短期内将会导致大量员工失业，必须同时新建高端产能，政府需要在职业培训和下岗员工再就业方面给予政策支持，最终实现“新供给”淘汰“老供给”，使产业从中低端走向中高端。

在推进供给侧结构性改革的过程中，解决债务问题可以借鉴美国政府救助通用汽车的做法。2008年前后，美国通用、福特、克莱斯勒三大汽车业巨头均陷入几近破产境地。奥巴马当选总统后，成立“汽车特别工作小组”，果断对通用和克莱斯勒实施救助，先后两次投入500亿美元的低息贷款，为美国拯救了超过100万个就业岗位，避免了工业体系遭到重创和民众家庭财富巨额缩水。早在1999年，中国成立了四大资产管埋公司，在解决产能过剩和债务问题方面已经积累了丰富经验。未来需要设立促进企业改革基金，增强地方和企业改革的自觉性和主动性，确保各项改革政策措施落到实处。

2016年是中国供给侧结构性改革元年。鉴于农村改革成本最低、阻力最小，可以从农村改革开始，加快发展“股田制”试点，探索中国农业现代化

道路；与此同时，在制造业、钢铁、煤炭等领域，应加快推进结构性改革，促进“三去一降”（去产能、去杠杆、去库存，降成本），实现市场出清、产业升级；在服务业方面，可以放开教育、医疗等领域的市场准入，引入更多供给主体，促进市场竞争，更好地满足消费者需求。

从全球视野来看，也应当借鉴中国经验，尽快将宏观政策着力点从以货币政策为主的需求管理，转向供给侧结构性改革，这样才能走出此轮危机，实现新发展。

构建衡量货币政策松紧适度的“新标尺”

——1998年以来中国货币政策实际成效分析及政策建议

▶ 黄剑辉　应习文

2014年12月，中央经济工作会议提出“货币政策要更加注重松紧适度”，国务院总理李克强在2015年“两会”上作的《政府工作报告》指出，中国“稳健的货币政策要松紧适度，广义货币M_2预期增长12%左右，在实际执行中，根据经济发展需要，也可以略高些”。

为构建简明、便于操作的衡量货币政策松紧适度的核心指标，我们对中国1998年以来的货币政策实施成效进行了认真分析，并就货币增速、经济增长和通胀之间的关系进行了回归，建议可将“货币供给增速差”，即“M_2增速（%）−[GDP增速（%）+CPI增速（%）]”作为衡量货币政策松紧的“新标尺”，将货币政策的着眼点放在管控“货币供给增速差”，而不是M_2、CPI增速等单个指标上，且应按季度监控、调整，并根据经济处于下行、上行的不同周期采取反向的调控策略。

一、1998年以来我国货币政策松紧程度分析

（一）我国货币政策的历史回顾

1998年东南亚金融危机之后，我国逐步抛弃行政调控方式，货币政策由以直接调控为主转向以间接调控为主，以直接调控为辅，由单一的“贷款规模管理”转变为以“公开市场操作”和“利率调控”为主的多元化市场调控手段，法定存款准备金率、再贷款、再贴现、创新货币政策工具和信贷政策等也都不同程度地成为调控工具。

我国货币政策大体上经历了四个阶段：第一阶段自1998年至2006年，实施具有灵活性的稳健货币政策；第二阶段自2007年至2008年上半年，实施适度从紧和从紧的货币政策；第三阶段自2008年下半年至2010年，实施适度宽松的货币政策；第四阶段自2010年底至今，实施稳健的货币政策。

（二）引入分析指标：货币供给增速差

按照古典货币理论的现金交易量说，货币量与货币流通速度的乘积等于商品平均价格与交易总量的乘积，即公式“$MV=PT$”。其中，M是一段时期内的平均货币量，V是货币流通速度，P为平均商品价格，T为一段时间内的交易总量。

对于以上公式，我们假定一段时间内的全社会交易总量T与同期的产出Y（即GDP）成正比，即$T=kY$，其中k为系数。

由此，可以将公式改为$M/Y=kP/V$。可以看出，影响M/Y（通常可用M_2/GDP估算）的因素，既有价格水平P，又有货币流通速度V，也有交易需求与产出的关系k。其中，影响V和k的因素众多，包括交易成本、交易机制、公众

的流动性偏好等大量的制度性变量。

从古典货币理论$M/Y=kP/V$出发，为简化问题，假设k与V在一定时期内保持稳定，同时对两边求对数并差分，即可以得到“货币增速—实际GDP增速=CPI增速”。若将GDP增速移至右边，即可得到“货币增速=实际GDP增速+CPI增速”，这里的货币增速，是一个大致的理论值，或者说是参考值。

在实际操作中，通常用货币供给增速（通常用M_2增速）与其进行比较，以判断货币供给是宽松还是紧缩。因此，“M_2增速—（实际GDP增速+CPI增速）”又可称为“货币供给增速差”。

（三）1998年以来“货币供给增速差”的分析结果

1. 从长期来分析，我国“货币供给增速差”的均值为5%左右

从1998年至2014年期间的季度数据来看，68个季度货币供给增速差的算术平均值为5.31%，最低值在2007年第四季度，为−3.51%，最高值在2009年第一季度，达到21.59%。在68个样本中，我国货币供给增速差的标准差为4.99，峰度为2.47，偏度为1.13，相对正态分布右偏且更陡峭。

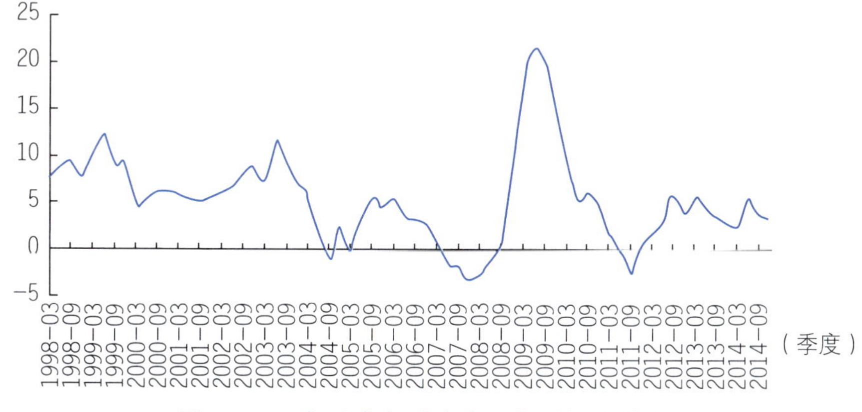

图1　1998年以来各季度我国货币供给增速差

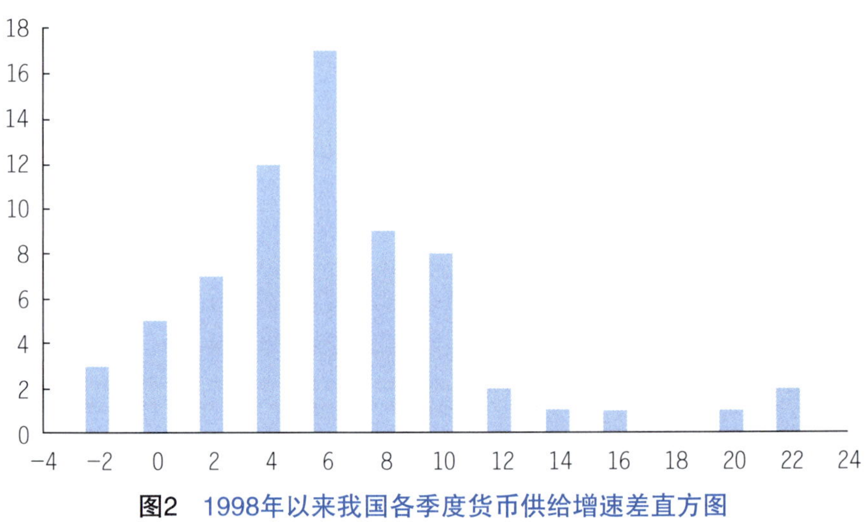

图2　1998年以来我国各季度货币供给增速差直方图

2. 同时期我国货币供给增速差与各国比较

从同时期来看，美国、英国、日本、韩国货币供给增速差基本在1.5%至3%，且在95%的置信度下均显著不为零。究其原因，在于该时间段内各国大致经历了两次经济危机，其中日本、韩国为东南亚金融危机与全球金融危机，而美国、英国为互联网泡沫危机与全球金融危机，因此货币政策从平均来看是偏向于宽松的。同时，各国货币供给增速差的分布普遍呈现右偏的特征。究其原因，在于各国政府对于经济衰退与经济过热时期的货币政策执行力度的不对称性，即面对经济衰退，各国通过货币政策刺激经济的力度要显著大于经济过热时期的货币政策紧缩力度。

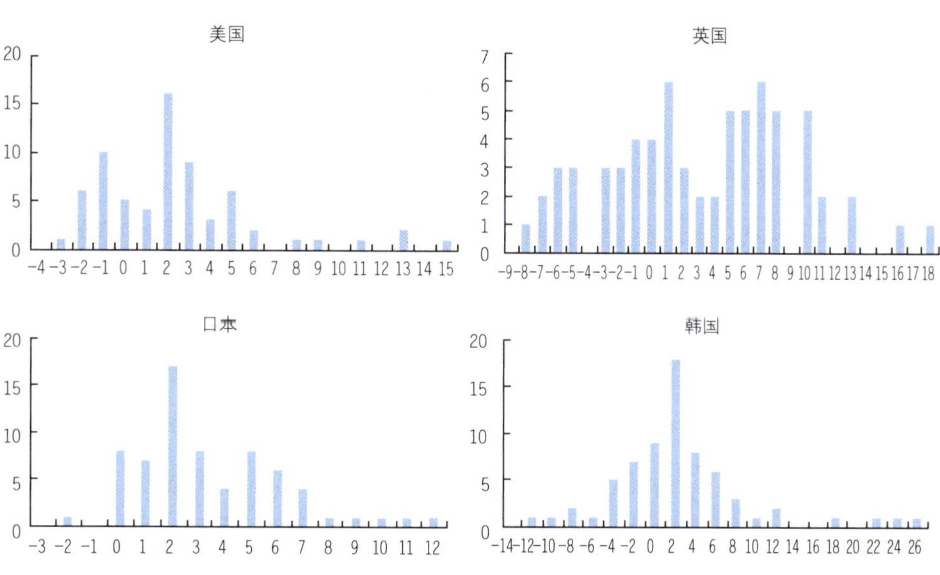

图3　同时期部分国家货币供给增速差的分布直方图

表1　同时期（1998—2014年）部分国家货币供给增速差统计量

国家	均值	标准差	偏度	峰度
美国	1.90	3.68	1.43	2.64
日本	2.94	2.89	0.87	0.68
韩国	1.63	3.83	1.38	3.39
英国	2.77	5.80	0.13	-0.37
中国	5.31	4.99	1.13	2.47

同时，我国的货币供给增速差距要高于发达国家2~3个百分点。之所以产生这个现象，主要有以下几个原因：一是融资结构存在差异，我国主要的融资方式是以银行信贷的间接融资方式为主，而间接融资相较于直接融资而言，存在派生货币的过程；二是从发展阶段来看，我国仍处在发展中国家的

建设阶段，大量基础设施建设需要资金的保障，而基础设施的发展往往超前于经济发展，因此货币增速会相对较快；三是我国的CPI水平可能存在部分低估。因此，5%左右的货币供给增速差应是一个长期均衡值。

3. 用“货币供给增速差”衡量我国各阶段货币政策的实际执行效果

为分析1998年以来我国货币政策松紧程度，我们将“货币供给增速差”划分为五个区间，以5为均值。上下偏离0.5个标准差以内视为稳健的货币政策，上下偏离0.5~1个标准差视为适度宽松（从紧），上下偏离1~2个标准差视为宽松（从紧），上下偏离2个标准差以上视为极度宽松（紧缩）。

表2 货币政策增速与货币政策目标

货币供给增速差	>15	[10，15]	[7.5，10）	[5，7.5）
货币政策实际宽松度	极度宽松	宽松	适度宽松	稳健（偏松）
货币供给增速差	<-5	[-5，0]	[0，2.5）	[2.5，5）
货币政策实际宽松度	极度紧缩	从紧	适度从紧	稳健（偏紧）

1998—2006年，我国货币政策的基调为稳健，此阶段货币供给增速差的均值为5.79，符合稳健的政策基调。2007年，我国货币政策基调为适度从紧到从紧，此阶段货币供给增速差的均值为-2.28，符合从紧的政策基调。2008—2010年，我国货币政策基调为适度宽松，但此阶段货币供给增速差的均值为17.12，可视为极度宽松。2011年以来，我国再次回到稳健的货币政策上，此阶段我国货币供应增速差的均值为3.50，货币政策的实际效果为稳健（偏紧）。

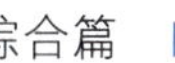

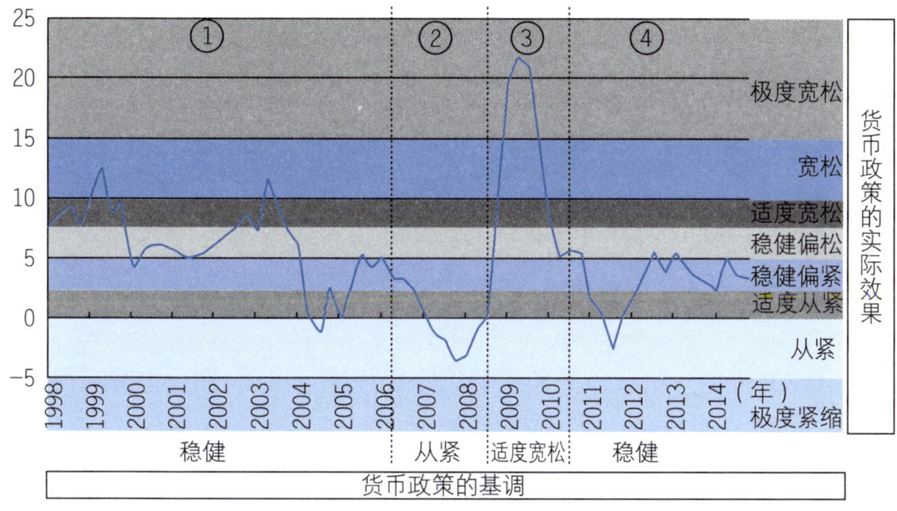

图4 1998年以来货币政策基调与实际执行效果对比图

表3 货币政策阶段与货币供应增速差

货币政策阶段	1998—2006年	2007年	2008—2010年	2011—2014年
货币政策基调	稳健	适度从紧	适度宽松	稳健
货币供给增速差	5.79	−2.28	17.12	3.50
货币政策实际效果	稳健	从紧	极度宽松	稳健（偏紧）

二、M_2增速对GDP、CPI影响的计量分析

为了分析M_2增速变化对GDP及CPI增速的影响，我们采用向量自回归（VAR）模型测算并使用格兰杰（Granger）因果检验的方法进行评估。选用数据为1998年至2014年的季度数据，样本数量为68个。

首先对M_2、GDP和CPI的同比增速进行单位根ADF检验，结果表明三者均为非平稳序列，遂采用三者的一阶差分（经ADF检验为平稳序列）进行计算。分别用$d(M_2yr)$、$d(GDPyr)$、$d(CPIyr)$表示，其中$d(\ )$表示一阶差分运算，yr表示（同比）年率。

（一）GDP与M_2的关系

采用VAR模型分析，首先使用似然比检验确定滞后4期，再回归得到如下公式（只保留显著项）：

$$d(GDPyr) = -0.240 \times \mathrm{d}(GDPyr(-1)) + 0.186 \times d(M_2yr(-1))$$

$$(t=1.800)^{\star} \qquad (t=2.168)^{\star\star} \qquad R^2=0.21$$

$$d(M_2yr) = -0.415 \times d(GDPyr(-1)) + (-0.356) \times d(M_2yr(-4))$$

$$(t=-2.197)^{\star\star} \qquad (t=-2.797)^{\star\star} \qquad R^2=0.33$$

⋆表示90%置信度下显著，⋆⋆表示95%置信度下显著，（−1）表示滞后一期，依此类推。

以上回归结果表明，上一季度的M_2增速每提升1个百分点，会拉动本期的GDP增速提升0.186个百分点，这是由于货币供应量增速的提升能通过信贷增长等渠道增加产出，有效刺激消费和投资，这种传导效果是较快的。但是，上一期的GDP增长加快，会导致本期M_2增速下降，这种负效应源于货币政策对经济运行的反向调节作用。而M_2自身对滞后4期存在显著负效应，主要是因为同比基数影响因素（四个季度恰好为一年）。

再利用VAR模型的结果进行格兰杰检验，得出：可以确认M_2增速变化是GDP增速变化的格兰杰原因（在90%的置信度下显著，$p=0.053$）。但是，不能确认GDP增速变化是M_2增速变化的格兰杰原因（在90%的置信度下并不显著，p=0.135）。

（二）CPI与M_2的关系

同样采用VAR模型分析，首先使用似然比检验确定滞后8期（也是考虑到M_2对物价的传导时滞较长，最长可历经2年时间）。随后回归得到如下公式（只保留显著项）：

$$d(CPIyr) = 0.257\times d(CPIyr(-2)) + (-0.475)\times d(CPIyr(-4)) + (-0.243)\times$$

$$(t=1.812)^{\star} \quad (t=-3.998)^{\star\star} \quad (t=-2.148)^{\star\star}$$

$$d(CPIyr(-8)) + 0.101\times d(M_2yr(-2)) + 0.094\times d(M_2yr(-8))$$

$$(t=1.397)^{\#} \quad (t=1.419)^{\#} \quad R^2=0.66$$

$$d(M_2yr) = (-0.534)\times d(CPIyr(-1)) + (-0.535)\times d(CPIyr(-2))$$

$$(t=-1.844)^{\star} \quad (t=-1.756)^{\star}$$

$$+(-0.359)\times d(M_2yr(-4))$$

$$(t=-2.266)^{\star\star} \quad R^2=0.51$$

⋆表示90%置信度下显著，⋆⋆表示95%置信度下显著，#表示在80%置信度下显著。

以上回归结果表明，在我国M_2增速对CPI增速具有较为微弱的影响，一方面仅在80%置信度下显著，同时，M_2对于物价的传导具有较长的时滞。从回归结果来看，半年前M_2增速提升1个百分点，会对当期CPI增速提升0.101个百分点，而两年前M_2增速提升1个百分点，将对当期CPI增速提升0.094个百分点。相反，前一期和前两期的CPI增速的提升，均会造成当期M_2增速的回落，这种负效应也源于货币政策对经济运行的反向调节作用。

再利用VAR模型的结果进行格兰杰检验，得出：可以确认M_2增速变化是

CPI增速变化的格兰杰原因（在90%的置信度下显著，p=0.078），同时也可以确认CPI增速变化是M_2增速变化的格兰杰原因（在95%的置信度下显著，p=0.044）。

（三）实证检验结果分析

从古典货币理论的现金交易量理论来看，社会总产出、货币量和物价之间的关系是简单而直接的，基于此，我们构建了“M_2增速-（GDP增速+CPI增速）”的“货币供给增速差”指标，可以较为直观地判断货币政策的实际宽松程度。

但是，从实证分析的结果来看，M_2增速对GDP与CPI的影响是不对称的。其中，M_2对于经济增长的影响显著且传导较快，但对CPI的影响显著性不强，且存在较长的时滞。这一点也在一定程度上解释了大多数国家的货币供给增速差的分布倾向于右偏，也就是说当经济衰退时，采用货币刺激的力度要大于通胀时期货币紧缩的力度。

我国M_2增长率对CPI增长率存在不显著性与较长时滞的特点，其主要原因如下：一是M_2的绝大部分由各类存款构成，流通的M_0和活期存款M_1占比并不高，而CPI主要由八大类居民消费品和服务组成，因此M_2的增加并不直接造成物价的提升；二是从较长的传导机制来说，M_2增长推动经济增速上升，从而推升全社会投资与消费需求，间接影响物价上升，但这个传导周期通常要1~2年的时间；三是经济增长也会增加产品供给，从一定程度上削弱需求增长的作用，这也是两者弹性系数仅为0.1左右的主要原因。

三、政策建议

（一）采取“强有力的改革创新+强有力的财政货币政策”的“双强”政策组合

在宏观政策组合方面，我们建议当前和今后一个时期应当以“强有力的财政货币政策”为“强有力的改革创新”营造良好的宏观环境，即采取“强有力的改革创新+强有力的财政货币政策”的“双强”政策组合，有力扭转当前经济下行局面，稳定和改善各方预期，保持国民经济可持续健康发展。

（二）构建衡量货币政策松紧适度的“新标尺”

将货币政策的着眼点放在管控“货币供给增速差”，而不是M_2、CPI增速等单个指标上，且应按季度监控、调整，并根据经济处于下行、上行的不同周期采取反向的调控策略。

在当前GDP增速放缓、下行压力较大的情况下，建议“货币供给增速差”应保持在正四个至五个百分点[+（4%~5%）]左右，对应的M_2同比增速当前应提高至13.5%左右；CPI的下限则不应低于1%。当GDP持续下行且CPI为负值，出现通缩时，则“货币供给增速差”应提升至正六个至八个百分点[+（6%~8%）]。当GDP上行，CPI 上升时，则“货币供给增速差”应根据GDP的过热程度，降至正一个至三个百分点[+（1%~3%）]。

在具体措施上，下调存款准备金率是较为合适的选择。一方面，我国基础货币供应已由被动的外汇占款投放转为主动投放，基础货币增加的空间有限，需要释放存款准备金来提高货币乘数。另一方面，在经济全球化背景下，利率工具的运用受到中美利差的限制，而当前存款准备金率仍处于高位，为货币政策提供了更多空间。

同时，考虑完善我国的各项经济统计指标。一是扩展M_2的统计口径，目前金融机构表外业务的快速发展和支付系统的变化已使M_2的解释力度下降；二是设立核心通胀指标，当前M_2增速与CPI增速相互影响的显著性不高，这也与CPI中食品、能源成分的外生性波动较强有关。

（三）衡量我国通胀与通缩水平应充分考虑经济高增长因素

西方经济学认为通胀率保持在2%左右是温和的通胀，而通胀率低于零，则为技术性通缩。我国处于经济快速发展时期，与西方发达国家GDP常年低增长的情况有所不同。在面临较大通胀压力时，应当将对通胀的容忍程度与经济增速的高低挂钩，因为此时投资回报率较高，居民收入增长幅度通常也较快，故通胀对实体经济的损害较低，建议我国对通胀的容忍度（CPI上限）可设置在GDP增速的一半左右。在面临通缩风险时，我国也应同样制定通胀率的下限，对于有7%增速的经济体来说，2%的通胀看似温和，其实已经偏低，甚至已经有通缩风险，我国PPI连续多年低于零也是佐证，因此，在提出通胀率目标上限的同时，也应设定下限在1%左右。

（四）着重从供给端发力保障农产品价格稳定，为货币政策松紧适度调控释放空间

我国的CPI受食品价格波动的影响较大，但通常人们将CPI的上涨归咎于货币的超发，而实证模型的结果表明两者之间的关系是模糊的。为了给货币政策创造更加灵活的空间，应重点从供给端着力，通过增加农产品供给，促进食品价格稳定，降低CPI对货币政策松紧调控空间的制约。

具体措施如下：一是提高农业现代化、机械化、规模化水平；二是调整出口导向政策，适当加大农产品进口；三是加快农业企业“走出去”，保障我国粮食安全；四是积极研究农产品流通问题，适当降低流通成本，减少流通环节；五是完善农产品收储制度和农产品期货市场。

架设改革创新之桥　跨越“中等收入陷阱”

——关于促进我国经济可持续发展的战略思考

▶ 黄剑辉

经过35年波澜壮阔的极不平凡的改革开放历程，我国经济获得了年均9%~10%的快速增长，至2014年，我国GDP总量达到63.64万亿元，人均GDP达到约7485美元，按照世界银行的划分标准，我国已经步入中等偏上收入国家行列，实现了历史性跨越和突破。但是，展望自2015年至2049年（新中国成立100周年）的新35年，我国近年来经济增长已呈现出原有增长动力显著减弱的态势，如若应对不力在相当程度上将面临跌落“中等收入陷阱”的风险，具体表现为面临“制度体制陷阱”、“社会危机陷阱”、“技术创新陷阱”、“国际收支失衡陷阱”和“生态陷阱”五个方面的现实挑战，亟须通过积极贯彻落实党的十八届三中全会决定精神，加快架设改革创新之桥，才能实现我国现代化征程中新的历史性跨越。

一、我国经济增长的原有动力已显著减弱，面临跌落“中等收入陷阱”的风险

（一）党的十一届三中全会以来的各项改革开放成果已遭遇新的发展瓶颈

家庭联产承包制已难以适应现代农业的发展要求。1978年党的十一届三中全会确立了改革开放政策，逐步建立和完善了家庭联产承包制这一农村的基本制度。家庭联产承包制是农民的自发创造，符合当时生产力水平较低的小农经济发展规律，极大地刺激了农民的积极性，农业生产效率大幅提高。但随着生产力水平的不断发展，家庭联产承包制的局限性开始显现并制约了我国现代农业的发展。一方面，家庭联产承包制将农民局限在自己所承包的土地上，对属于公共部分的农业基础设施和农业科技投入明显不足，农业信息化发展严重滞后；另一方面，家庭联产承包制对土地使用权形成了分割，不利于农业机械化和产业化的发展。

向市场化转型尚不彻底，政府作用也亟须更好地界定。1992年党的十四大提出“市场在社会主义国家宏观调控下对资源配置起基础性作用”，明确了我国改革的方向是从计划经济向市场经济转变。这一系列改革的成果是：通过以建立现代企业制度为核心的国有企业改革和鼓励非公有制经济发展，形成了市场经济的微观基础；通过建立和完善统一开放的市场体系，形成了市场经济的中观运行机制，使资源配置方式转到市场主导的基础上来；通过转变政府职能，建立以间接手段为主的宏观调控体系，形成了市场经济的宏观管理架构。这一时期，政府借助国有企业直接介入和干预经济活动，在资源紧缺的环境下达到了集中力气办大事的效果，对经济发挥了较强的拉动作用，但也抑制了市场竞争，压抑了市场主体的投资积极性，降低了要素配置

效率。

加入WTO显著促进了制造业的发展和出口，但对促进国内服务业作用有限。2001年加入WTO并参与全球资源再配置，延续和放大了我国1978年以来改革开放的红利。市场化水平提高与市场空间放大的双重因素叠加，使得我国在工业制成品领域大规模生产的比较优势得到充分发挥，极大地促进了我国贸易的发展。但我国服务贸易在数量、增速和全球排位上，都低于货物贸易的发展。从2002年到2013年，我国货物出口从3256亿美元跃升至22100亿美元，位列全球第一；服务贸易出口从394亿美元跃升至2106亿美元，连续12年逆差且逆差总额仍在攀升[①]。服务贸易发展落后的原因一方面与我国经济发展阶段有关，另一方面也与WTO主要基于传统的贸易形态，对服务业的开放程度较低有关。近年来TPP、TTIP、TiSA等新型贸易规则的出现，也从侧面反映出WTO所存在的不足。

（二）要素驱动型的经济增长模式已难以为继

新古典增长理论的索洛经济增长模型（Solow Growth Model）认为，劳动力、资本（包括资金、土地和其他自然资源）的要素投入以及技术进步是经济增长的三大源泉，当经济达到均衡状态时，人均产出增长速度只取决于技术进步。过去我国长期依赖要素投入拉动经济增长，如今劳动力、资金和环境成本已经进入上升通道，要素驱动型的经济增长模式已难以为继，将经济增长的驱动力从要素投入转向技术进步势在必行。

① 数据来源：中国商务部。

“刘易斯拐点”[①]已经出现，劳动力成本上升趋势难以逆转。从劳动要素投入的角度来讲，我国经济长期持续增长的一个最重要的推动力来自庞大且价格低廉的劳动力供给，即 “人口红利”效应。近年农民工工资逐年上涨，“民工荒”现象不断出现正是“刘易斯拐点”到来的特征性表现。另外，我国15~59岁的劳动年龄人口比重在2012年首次下降，当年的劳动年龄人口的绝对数也减少了345万人。劳动力的负增长会降低经济的潜在增长率，对经济增长的贡献将由“红利”转为“负债”。

金融市场环境发生改变，实体经济融资成本显著上升。改革开放以来资本形成对经济总产出的贡献率超过其他要素，是推动我国经济增长最为重要的因素。支撑持续和大规模资本投入的原因是我国的高储蓄率和管制下的低利率。如今这一情况正在发生改变：一方面，劳动人口数量的下降和老龄人口比例的升高将降低储蓄率，资金的供给面临下滑压力；另一方面，获得廉价资金的制度环境发生改变，利率市场化已进入存款利率市场化的收官阶段。货币基金、理财产品的高收益率从一个侧面提前反映了存款利率市场化后的融资环境。如果仍然维持原来粗放型的资金要素投入方式，资金边际报酬率将递减至资金成本边界，从而使经济增长变得不可持续。

资源环境瓶颈约束日益突出，产业结构亟须转型升级。由于高投入、高消耗、高污染的传统发展方式没有根本改变，我国在经济快速增长的同时，生态、环境、资源矛盾更是日益突出，成为制约发展的瓶颈。我国是世界上水泥、钢铁等资源消耗的第一大国，但重要的资源、能源严重依赖进口，如

① “刘易斯拐点”是指在二元经济结构中，农村剩余劳动力向非农产业转移的过程中，劳动力从过剩向短缺的转折点。

铁矿石、铜矿和原油等的对外依存度均已超过50%且仍在上升。与此同时，依靠增加资源投入和消耗的粗放型经济增长方式使得我国环境承受能力达到了极限，大面积的雾霾天气、沙尘天气及水污染等意味着环境资源已被透支利用，亟须转变经济发展模式和加快产业的转型升级。

二、“中等收入陷阱”的成因分析

“中等收入陷阱”是2007年世界银行在《东亚经济发展报告》中首次提出，后来被广泛引用。世界银行将各经济体按年人均国民总收入（GNI）分为低、中、高3组，据其2010年8月的标准，低收入为年人均国民总收入1005美元或以下，中等收入为1006~12276美元，高收入为12276 美元及以上。其中，在中等收入标准中，又划分为“中等偏下收入”（996~3975美元）和“中等偏上收入”（3976~12276美元）①。本文中的“中等收入陷阱”是指“追赶型”的发展中国家迟迟未能从中等偏上收入向高收入突破的过程。形成“中等收入陷阱”的原因主要是处于低收入阶段的国家在进入中等收入阶段后，原有的成本优势丧失，又不能实行持续的制度改革和技术创新，无法形成新的竞争优势。具体表现在“制度体制陷阱”、“社会危机陷阱”、“技术创新陷阱”、“国际收支失衡陷阱”和“生态陷阱”五个方面。

（一）制度体制变革滞后，形成“制度体制陷阱”

低收入国家追赶发达国家的过程中，受益于全球化及低廉的人力和资源成本，社会制度不一定经历了与其生产力水平相适应的变革。在这些国家从

① 数据来源：世界银行网站。

中等收入水平向高收入水平突破的过程中，旧的制度对生产力的禁锢作用越发突出，成为这些国家经济发展的主要障碍。

（二）贫富等几大差距并存，导致“社会危机陷阱”

在从农业社会向工业社会过渡的中等收入阶段，劳动力供应充足，多数工人仍然处在简单重复劳动阶段，工资水平较低，而这一时期资本积累速度相对较快，逐渐形成和拉大城乡、贫富差距。与此同时，落后的社会管理体制不能及时疏导和缓和社会矛盾，教育不公平等造成贫富差距在代际之间固化，社会垂直流动的渠道被无形阻断，进一步激化各阶层之间的冲突，造成社会动荡甚至政局更替。

（三）技术创新滞后，形成“技术创新陷阱”

教育不公平的后果是人力资本积累不足，进一步导致自主创新的缺乏和技术水平的落后，使这些中等收入国家在具备一定的工业基础后，向高技术领域发展面临巨大困难。高技术产业具有提高居民收入、降低贫富差距的作用，因此，技术落后又间接导致消费力的不足，产业结构从工业向服务业的转型升级也十分困难。

（四）高度依赖国外资金及市场，形成“国际收支失衡陷阱”

以拉美国家为代表的“进口替代”战略以及以东亚国家为代表的“出口导向”战略造成中等收入国家对国际市场和国际资本的高度依赖性，容易陷入“国际收支失衡陷阱”。“进口替代”战略的目的是发展本国工业以替代进口产品，但其早期阶段通常是从建立最终消费品工业开始，这导致中间产品和生产机器等资本品进口的加大，反而恶化了国际收支。“出口导向”战略加剧了国内经济各部门和各地区经济发展的不平衡，降低了其应对外部冲击的能力，从1997年亚洲金融危机和近期美国量化宽松政策退出对新兴国家货币的冲击可见一斑。

（五）空气、地下水、土壤等受污染严重，形成“生态陷阱”

随着工业化、城镇化的加速，我国以煤炭为主的能源结构以及汽车大量进入家庭后所排放的大量尾气，加上农村地区农药、化肥的大量使用，导致近年来我国城乡广大地区的空气、地下水、土壤等受污染日趋严重，如不能尽快扭转这一趋势，我国将逐步面临环境资源的“刚性约束”，经济社会将难以可持续健康发展。

三、跨越“中等收入陷阱”的国际经验借鉴

（一）跨越“中等收入陷阱”国家或地区的主要经验

国际上公认成功地实现了从中等收入向高收入跃升的有日本和亚洲四小龙，其中日本、韩国经济规模较大，对我国更具有参考意义。日本从中等收入国家跨入高收入国家用了19年（1966—1985年），韩国用了18年（1977—1995年）。日本和韩国之所以能够较为成功地跨越“中等收入陷阱”，既源于成功地实现经济发展模式和产业的转型升级，特别是实现了从模仿到自主创新的转换，也得益于较好地平衡了利益分配，控制了收入差距的扩大，为跨越“中等收入陷阱”提供了较为稳定的社会环境。

（二）跌入“中等收入陷阱”国家的主要教训

以拉美国家为代表的许多经济体早在20世纪60年代末和70年代初就达到

了中等收入国家水平，然而直到今天仍然停留在中等收入水平，无法实现向高收入经济体的跨越。拉美国家陷入“中等收入陷阱”的主要原因在于制度落后及发展战略的选择失误。以土地制度为例，拉美国家在从低收入向中等收入转变的过程中，其传统的农业和土地制度没有进行根本性改造，土地过度集中在少数人手中，这是导致拉美国家贫富差距以及城市贫民的一大主因。在这一时期，拉美国家推行“进口替代”的工业发展战略，随后受“新自由主义”思想的影响，实行完全的商品市场和资本市场开放。由于“进口替代”战略需要实行贸易保护政策以保护国内脆弱的工业，过早的开放政策最终导致工业化的失败与国际收支的失衡、外债高企。

四、架设改革创新之桥，跨越“中等收入陷阱”

制度经济学认为制度变迁是经济增长的决定性因素。内生增长理论（Endogenous Growth Theory）认为技术进步可以来自劳动力和资本的投入：劳动力在教育、培训、边干边学的过程中形成人力资本积累，而在物质资本投入过程中的研发活动形成发明和创新。这从经济学原理上为我国通过深化改革和创新，跨越“中等收入陷阱”明确了方向和思路。

（一）全面深化改革，加大高质量新制度的生产和供给，促进持续提升全要素生产率，跨越“制度体制陷阱”

国内外经验和实践表明，适应生产力水平和内外部发展环境与条件变化，持续推进市场导向型体制机制改革，能够通过改善要素配置效率、降低交易成本、激发创新动力，有效提升全要素生产率，从而实现经济可持续增长。

党的十八大提出的“全面深化改革”为我国跨越“制度体制陷阱”指明了方向。户籍、社保等人口政策改革，解除了挟制人口流动的最后一道枷锁，劳动资源的配置效率将再次提高；加快致力于服务实体经济的金融体系和金融市场建设、加大监管体系和监管制度改革、加快发展资本市场等金融政策改革，能够促使资金利用效率提高，抑制高成本、低收益产业的发展；加快推进土地制度改革，能够更好地提升土地资源的使用效率，加快农业现代化生产，提高农民生活水平。

（二）依靠人力资本投资和产业结构升级，激励创业、创新、创造，跨越“技术创新陷阱”

我国资本密集型产业的自主创新能力不足、缺乏核心的技术优势和竞争力，是影响未来经济增长的稳定性和质量的关键因素。人力资源是技术创新活动的主体，多数中等收入国家都存在高技术人才短缺的问题，这要求从教育、培训等多层次投入以培育人力资本。对于发达国家来说，产业结构升级是技术创新活动的结果，而中等收入国家利用后发优势，从发达国家接受知识和技术转移，推动产业结构升级，成为“技术创新”的载体，一方面实现了技术水平的跨越式发展，另一方面通过“干中学”培育了高技术人才。

（三）贯彻“效率优先，兼顾公平”方针，适当缩小社会差距，跨越“社会危机陷阱”

社会主义的本质是共同富裕，在坚持效率优先、鼓励“做大蛋糕”的同时，需要兼顾公平、“分好蛋糕”。收入差距、城乡差距、地区差距的持续扩大，既不符合社会主义的本质要求，也违反社会的公平原则，影响社会稳定。社会差距的扩大也影响和制约了我国经济的可持续发展。我国人均收入水平进入中等国家水平后，主要的增长动力转为技术进步和居民消费。在这个阶段，经济增长将改变过度依赖于投资增长的传统方式，转向依赖消费需求的释放。收入差距、城乡差距、地区差距的扩大或长期持续，将对扩大消费形成明显的约束。因此，缩小社会差距具有明显的帕累托改进效应，缩小一个点的差距可能比增加许多点的投资对经济的拉动作用更有效。

（四）构建全方位开放新格局，跨越“国际收支失衡陷阱”

为降低外部冲击的影响，需要协调内外部经济发展，迈向全面开放型经济体，全面提升开放型经济水平，在全球范围内配置生产要素，实现国际国内“两个市场，两种资源”。一是加快实施“一带一路”、自贸区等战略。二是努力转变对外贸易增长的方式。在出口结构上，鼓励具有自有知识产权、自主品牌的商品和服务出口，控制资源型、高耗能、高污染产品的生产和出口，扩大新技术产品和附加值高的产品的出口。在进口结构上，优先进口国内发展必需的、重要的、紧缺的高新产品、高新设备、高新技术和具有战略性的资源，实现战略物质进口来源的多元化、方式的多样化和渠道的稳定化。三是努力提高利用外资的质量和水平，将利用外资与提升国内产业结构和技术水平相结合，同促进区域协调发展和提高企业自主创新能力相结合。

（五）在加快生态文明制度建设的同时，积极发挥财税、金融工具的作用，促进跨越“生态陷阱”

面对严峻的环境污染问题，党的十八大及十八届三中全会明确提出要加快生态文明建设，并提出要建立系统完整的生态文明制度体系，实行最严格的源头保护制度、损害赔偿制度、责任追究制度，完善环境治理和生态修复制度。除抓好制度建设和政府监管外，还应引入财税、金融工具，通过征收资源税、消费税、环境税和实施差别化的信贷政策，从供给端促进转变能源供给方式、工农业发展方式、交通出行方式和居民生活方式。

附录：跨越“中等收入陷阱”的经验教训

附表1 成功跨越“中等收入陷阱”国家或地区的经验

	产业结构转型	人力资源和科技	社会均衡发展
日本	通过各种保护与优惠政策来促进战略产业的技术进步与快速成长	注重高等教育和中等职业教育，实施“科技立国”战略培育自主创新能力	通过《国民收入倍增计划》增加居民购买力，保护和扶持农业
韩国	1990 年以前，产业结构转变主要是工业替代农业；1990 年以后，主要是服务业替代工业及工业的内部结构调整	注重特殊高级技能人力资源的培育，推进教育服务均等化，确立“科技立国”战略	建立民主法治体制，通过税收改革缩小收入差距；通过“新社区运动”缩小城乡差距
新加坡	实施“第二次工业革命”，促使制造业发展朝着高附加值、高技术方向转变，重视总部经济建设	重视教育培训，采取了开放的人口政策吸引优秀人才	教育几乎免费
中国台湾	大力发展农业，重点发展以电子通信、高端机械、航空、高级材料、生物工程和环保产业为代表的策略性工业，并加快促进以生产型服务业为重点的服务业发展	注重工程教育与职业培训，制定长期科技发展战略	实行土地制度和民主政治改革，普及和发展教育，平衡居民收入，重视社会福利

附表2 跌入“中等收入陷阱”国家的教训

	产业结构转型	经济管理体制	社会政治特征
巴西	实施“进口替代”战略，工业化主要依靠外国的资本和技术支持，技术陈旧落后，科研投入低	过早实施经济自由化改革，贸易自由化政策摧毁本国工业	土地高度集中在少数大地主手中，收入分配极不均衡，政局不稳定
阿根廷	实施“进口替代”战略，忽视出口，国际收支恶化	经济管理混乱，盲目实施与美元的固定汇率制度及贸易自由化政策	基础教育投入少，政局不稳定
墨西哥	实施“进口替代”战略，忽视出口，国际收支恶化	实施新自由主义经济改革，重效率而轻公平	劳动者报酬低，贫富差距和城乡差距大
马来西亚	对外贸易不平衡，金融体系存在系统性风险，技术创新缓慢	经济体制僵化，资本和人力资源等要素外流严重	官商勾结，政治制度僵化

全球“百年老店式”企业及顶级公司发展特征分析

▶ 李岩玉 吴 琦

我国企业都梦想成为业内顶尖并打造为百年老店。但真正有多少企业实现了基业长青呢？据统计，世界500强企业的平均寿命为40~50年，而自改革开放以来我国企业平均寿命不足10年，高科技企业更是只有3年。随着环境的变化和竞争的加剧，企业更新换代的速度不断加快，生命历程的长度日益缩短。尤其是进入21世纪以来，互联网的迅猛发展以及“互联网+”的不断深入，世界500强企业的平均寿命已经迅速减少到15年。因此，研究“百年老店式”企业的兴衰起伏，借鉴其成功经验，显得尤为重要。

谚语有云：“条条大路通罗马。”可以把打造百年老店和顶级公司比作通向“罗马”，尽管起点不同，途径各异，重点有别，“百年老店式”企业和顶级公司在发展过程中都走出了一条顺应形势、响应市场、适应自身的道路，这些经验和探索是需要认真总结、深入学习的。本文通过分析“百年老店式”企业和顶级公司发展过程中呈现出的共性、规律性、可学习性的特征，总结其经时间检验过、被实践验证过的成功之道，提出了我国企业打造“百年老店式”顶级公司的政策建议。

一、“百年老店式”企业的发展特征分析

“百年老店式”企业定义为：特定行业内具备明晰战略定位、先进企业文化和突出品牌效应，稳定运营在百年以上的企业。本文从企业寿命、企业定位、企业文化和企业品牌四个维度对“百年老店式”企业进行了研究。

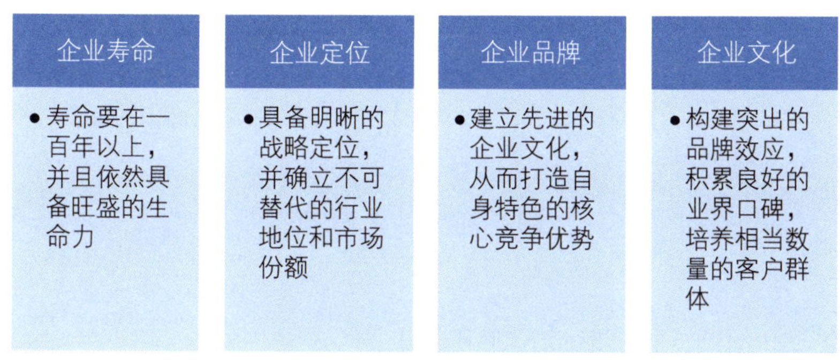

图1　“百年老店式”企业概念内涵

（一）“百年老店式”企业的发展特征

根据对“百年老店式”企业的概念界定，本文选取银行业、餐饮业、零售业、石化业、汽车业、电气业、IT业和通信业8个行业的36家企业作为研究对象（企业名单见附表1）。

从企业的发展历程来划分，企业生命周期包括初创期、发展期、成熟期、转型期四个阶段。在每个发展阶段，企业均面临不同的外部环境和内在需求，进而对企业的运营和发展产生影响。

本研究从企业生命周期的角度，探究“百年老店式”企业在不同阶段的发展特征，分析其与外部环境和自身特点相适应并不断促其发展延续乃至长

盛不衰的动力来源，从而揭开其共性特质的神秘面纱。

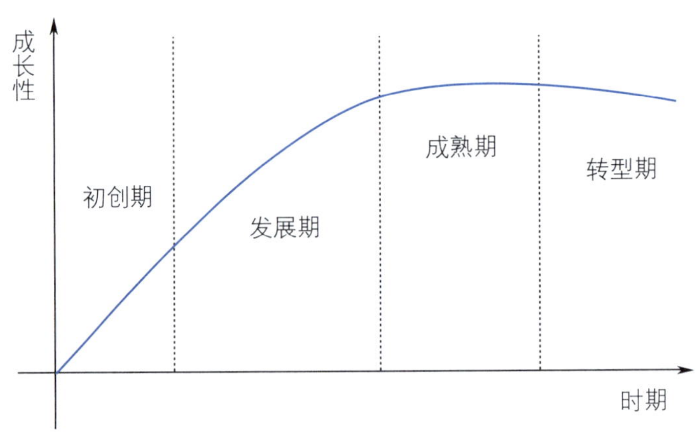

图2 企业生命周期

1. 企业初创期，机会驱动，顺利起步

本阶段是“通向罗马”的万里长征第一步。企业刚刚成立，生存性较弱，抵抗力较差，较易受到外界环境的影响。企业组织较为简单，人员较少，业务规模较小，市场份额较低，管理水平偏低，运营成本较高，盈利能力存在较大的波动性。企业经营的重点是从现有业务中获得足够的利润，才能存活乃至继续发展。

机会对于本阶段企业的发展起了举足轻重的作用，企业的发展动力主要来自机会的创造和把握。“百年老店式”企业之所以从初创期脱颖而出，就在于具备灵活弹性的特点，善于从政策导向、形势趋向和客户取向中发现并把握机会，从而成功获得第一桶金，迎来喘息和调整的机会。雀巢集团、壳牌公司的原股东之一壳牌运输贸易公司、荷兰银行以及福特汽车都是顺应形势和把握机遇的典范。

表1　“百年老店式”企业初创期对策及收益

企业名称	形势机遇	企业对策	发展成效
雀巢集团	19世纪60年代，无法食用母乳的婴儿可选择的婴儿食品种类少、质量差	内斯特尔发明了一种可替代母乳的婴儿用乳制品	内斯特尔借机创立了以自己名字命名的公司，并迅速占据了欧洲婴儿食品市场的主要份额
壳牌运输贸易公司	1886年内燃机的面世激发了对燃料的需求和燃料运输业务的兴起和发展	Samuel兄弟承包了一支蒸汽船队从事石油运输，Murex油轮成为首艘穿越苏伊士运河的油轮	垄断了石油运输的半壁江山，奠定了壳牌运输贸易公司在运输业的扛鼎地位
荷兰银行	荷兰作为世界经济中心时，与其他国家和殖民地之间有大量金融往来的需求	为振兴荷兰与东印度之间的贸易关系提供金融支持，威廉一世成立荷兰银行的前身	借助荷兰世界经济中心的地位，一跃成为世界主要银行之一
福特汽车	20世纪初汽车业兴起并快速发展，民用汽车成为行业发展的趋势	凭借“制造人人买得起的汽车”的梦想和远见，亨利·福特建立了福特公司，1908年生产出世界上第一辆属于普通百姓的汽车——T型车	为“装在汽车轮上的美国”立下了不朽功勋，直接引发了世界汽车工业革命

2. 企业发展期，战略驱动，快速发展

渡过起步的适应期，企业已经全面成长，企业文化和品牌逐渐形成，市场竞争能力和自身经济实力明显增强，市场份额和经营业绩逐步提高。企业经营的重点在于快速占领市场，扩大企业规模，具备足够大的市场份额才能在市场上站稳脚跟。但随着企业管理的内容增多、难度加大，很多企业陷入了盲目性和主观性的泥潭，对未来发展缺少明晰的可持续的战略指引，或者创业过程中缺少对方向性的把握和持续性的探索，或者之前的战略已经不能适应进一步发展的需要。

找准市场定位、明晰发展战略是企业能走多远的决定因素，而战略执行则是企业能走多快的关键因素。“百年老店式”企业从战略高度审视自身发展和行业趋势，从内外部环境发现问题和不足，明晰战略指引和市场定位，通过有效的战略执行和严格的风险控制，确立坚实的客户基础和市场份额。富国银行和杜邦公司提供了成功的素材，德意志银行和通用汽车则不幸成为失败的案例。

表2 “百年老店式”企业的战略定位对比分析

案例	企业名称	战略定位	战略执行	成功/失败原因
成功案例	富国银行	四大战略：一是坚持以社区银行和批发银行为主、以财富管理为辅；二是根植本土市场，审慎国际开拓，依托兼容并购，提升规模效益；三是准确定位网点，满足客户需求，强调专业服务，提升客户体验；四是严控经营风险，专注小微业务能力培养	形成了“战略制定—战略执行—风险防控—战略调整—战略再执行”的闭合良性循环	社区银行和批发银行的定位为富国银行确立了坚实的客户群体和市场份额，“坚持责任、坚持操守、贷款分散化、财务保守性”的风险文化帮助富国银行在金融危机中独善其身
	杜邦公司	“三道曙光”战略：短期，提高公司效率，保持企业健康；中期，实现股东价值增长；长期，有新的突破，创造新业务，改造现有业务	为适应全球化，杜邦公司积极对其战略进行调整，即实行：加强型战略、混合式多元经营战略和横向一体化战略、防御性战略	“重点发展优势产业，不断提高技术含量”的发展思路，以及善于顺应市场的变化而作出调整，保持了杜邦公司200余年的持续发展和长盛不衰
失败案例	德意志银行	投资银行战略：顶级的全球投资银行，具有强大且高利润的私人客户网络，在所有核心业务发掘增长机遇	新的管理层沿用业已失败的投资银行战略，投资重点则是过时领域的固定收益交易	金融危机后，投资银行业务充满风险性和不确定性，巴塞尔协议Ⅲ的出台，使投资银行业务受到更严格限制和监管
	通用汽车	扩张性和多元化：多品牌战略，多条产品线并存	从格兰特、斯隆、威尔逊、史密斯到瓦格纳，通用汽车沿袭了一贯的经营思想和理念	缺乏明确的战略方向，犯了多品牌定位不明确的错误，难以建立其自身优势，并在战略的实施和控制中不能及时修正

3. 企业成熟期，文化驱动，保持稳定

经历了长途跋涉，畏难退缩情绪和患得患失心态开始作祟。步入成熟期，企业已经形成相当规模，很多都成为业内骨干和明星企业。但通过对研究样本的分析可以发现，企业弊病和问题也接踵而来：一方面，组织架构混乱，管理层级严苛，创新的制度被束缚，管理层缺乏对企业的有效管理和控制，员工的素质和能力大大落后于企业的发展速度。内部问题又传导到企业外部，企业品牌价值和客户信任度也连带受到损害。这一切的根本症结都在于企业文化，或者缺乏对既有企业文化的坚守，或者需要对原有文化进行调整或再造。另一方面，企业为了获取规模效益而进行金融并购，重组后的企业也存在文化兼容的问题。

企业文化代表企业所特有的、员工共同遵循的价值标准和行为规范，是企业品牌形象的内核，也是企业核心竞争力的源泉。“百年老店式”企业通过塑造与环境相适应并不断调整的文化，确立了企业的品牌形象和核心竞争力，进而提升了企业管理水平、员工素质和工作效率，有效解决了制约企业持续健康发展的管理短板和隐患。从通用电气、福特汽车和美国电话电报公司，以及通用汽车和美国在线/时代华纳的不同结局可以看出，在“官僚主义”和“大企业病”肆虐的成熟期，企业文化塑造的重要性和必要性。

表3 “百年老店式”企业的文化革新/融合对比分析

案例	企业名称	企业现状	文化变革/文化融合	成功/失败原因
成功案例	通用电气	老迈的管理层、无序的内部管控、臃肿的组织机构、浓重的官僚氛围，对质量的控制和对风险的防控	对外将通用电气的发展战略、企业目标和企业精神传达给公众，借此得到公众的支持，对内改变整个企业的文化和员工的思考模式，营造快速适应市场动态和团队合作的文化机制	实现了能力提升、管理提升和效率提升，通用电气得以重塑品牌形象
	福特汽车	面临日本同行“低价高质”的入侵，行动僵化、反应迟钝等“官僚主义”问题和机构冗余、畏惧创新等“大企业病”缠身	确立新的企业文化四要素，即具有全球化想法、注重客户需求、持续追求成长、深信“领导者是老师”，并分阶段实施文化改革教学计划	企业文化逐渐产生一些化学变化，福特汽车成为顾客导向的企业，再造了核心竞争力
	美国电话电报公司	20世纪70年代开始，外部面临政策的改变、计算机的易用、高技术的发展以及国外同业的竞争，内部管理效率低下，缺乏创新	对原有文化因素去粗取精：确立风险导向的管理方法、积极进取的市场手段和反应敏锐的决策能力、以顾客为中心的责任感、职工一体化的统一感	迅速适应了联邦政府针对企业的两项法令，并成功击退了国内外同业的冲击
失败案例	通用汽车	故步自封的企业文化：对异议毫不容忍，不喜欢作困难的决定，心胸狭隘，对社会问题缺乏重视	2009年6月，通用汽车破产重组，期待通过重建，打造更精简、更贴近消费者、更具竞争力的通用汽车	重组改制后依然没有摆脱旧文化的束缚，畏惧创新、害怕承担责任的问题依然存在
	美国在线/时代华纳	2011年1月，借助资本市场的东风，迅速崛起的互联网新贵美国在线并购老牌传媒时代华纳	传统内容服务商的时代华纳与美式资本新贵的美国在线形成了巨大的地位差异和文化碰撞，随着互联网泡沫的破碎和美国在线业绩的下滑，双方矛盾达到顶点	双方始终未形成共同的团结核心，缺乏共同的文化，2003年公司涉嫌诈骗受到美国政府调查，超级联姻以悲剧告终

4. 企业转型期，创新驱动，完成再生

随着越来越接近“罗马”，企业前行的动力在一点点流逝。企业进入了发展停滞乃至衰退阶段，很多方面都呈现出从高峰滑落的迹象：原有业务已不具备竞争力，原有发展模式已不可持续，各项指标大幅下滑，产品亟待更新，市场份额急剧下降，前景黯淡不明，企业濒临破产或崩溃的边缘。继续前行需要新的动力，企业亟待转型和再生，本阶段也是企业的转型期。

创新是实现企业持续成功的必要要素。“百年老店式”企业突破原有的经营理念和业务范围，通过对业务模式和产品服务进行创新和变革，确保企业持续占据竞争的主动权和产业的制高点，从而实现了企业的转型和再生。创新有两种类型：一是理念创新，即企业管理理念和运营模式的创新；二是技术创新，即企业核心技术和主营产品的创新。具体方式有三种：一是依托现有资源，进行自主创新；二是协调或引入外部资源，实现合作创新或吸收创新；三是综合创新，兼具自主创新和合作创新或吸收创新。IBM、梅西百货和美国银行分别是三种创新方式的代表。

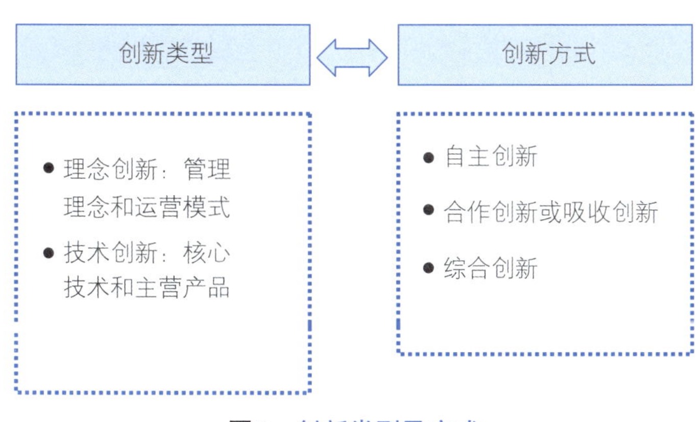

图3　创新类型及方式

表4　“百年老店式”企业的创新对比分析

创新类型	企业名称	面临问题	创新措施	创新效果
自主创新	IBM	20世纪70年代，市场主流从大型机转向小型机；20世纪90年代，相比于聚焦渠道优势的竞争对手，没有成本优势	确立横向开放的运营模式，从产品和技术领域向高附加值的企业服务市场转型	IBM两次实现转型新生，处于IT服务市场的最前沿

（续表）

创新类型	企业名称	面临问题	创新措施	创新效果
合作创新/吸收创新	梅西百货	互联网深刻改变了全球零售业的产业生态，零售业进入了“价格透明的新纪元”，传统零售业跌入冰点发展期	全渠道销售策略：成为首批支持Apple Pay移动支付的零售商、iOS和安卓版的购物APP、Shopkick逛街应用	2014年逆市而上，实现了20%多的经营增长
综合创新	美国银行	银行业竞争日趋激烈，守旧的运营模式和产品服务难以为继	成立创新实验室，“六西格玛管理模式”的应用，开展网上银行和手机银行业务，采用“保存零头”的服务模式	美国银行有了更大的市场规模，更低的成本支出，和更长久稳定的利润回报，稳定占据世界500强的前列，2014年为第66名，成为银行业第9名

（二）“百年老店式”企业的成功之道

通过对36家“百年老店式”企业的发展特征分析可以发现，“百年老店式”企业的成功之道在于不同的发展阶段确立不同的战略核心和经营重点。

1. 企业初创期，顺应形势，把握机遇

“百年老店式”企业从初创期脱颖而出，就在于具备灵活弹性的特点，善于从政策导向、形势趋向和客户取向中发现并把握机会。在行业崛起和发展的市场化浪潮中，“百年老店式”企业都是把握市场机遇最快、适应客户需求最好的弄潮儿，因此也成为时代的幸运儿。

2. 企业发展期，明晰战略，有效执行

在发展期，“百年老店式”企业通过明晰战略和找准定位，确立了发展的立足点和方向性，锁定了坚实的客户群体和市场份额。另外，通过战略执行和风险防控，把战略理念和战略规划转变成整个企业的实际行动，有效地贯彻了战略意图，确保战略落到实处、目标得以实现。

3. 企业成熟期，塑造文化，打造品牌

进入成熟期后，“百年老店式”企业塑造了与环境相适应并不断调整的企业文化，极大地提升了企业管理水平、员工素质和工作效率，有效解决了制约企业持续健康发展的管理短板和隐患。在此基础上，打造了自身的品牌形象和核心竞争力，从而确保了自身的经济实力和市场地位。

4. 企业转型期，依托创新，实现转型

面临转型期，“百年老店式”企业通过突破原有的经营理念和业务范围，对业务模式和产品服务进行创新和变革，促进了企业组织形式的改善和管理效率的提高，适应了企业不断发展的需要，进而占据了竞争主动权和行业制高点，实现了企业的转型再生和持续成功。

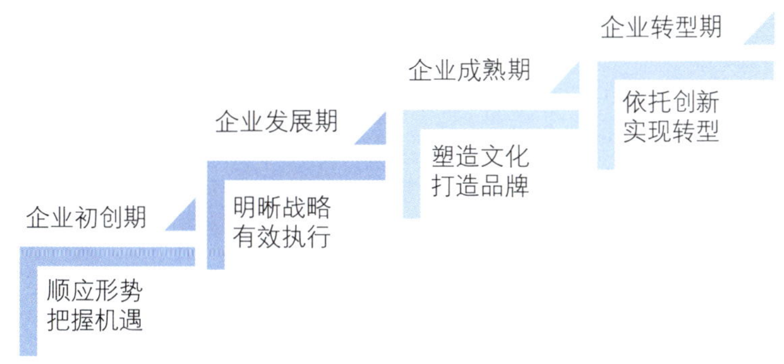

图4　“百年老店式”企业生命周期不同阶段的发展特征

二、顶级公司的发展特征分析

顶级公司的定义为：特定行业少数处于市场主导地位和资本技术前沿，引领行业发展趋势并持续创造稳定收益的企业。本文根据数量少、规模大、实力强、影响力强四个特点对顶级公司进行了研究。

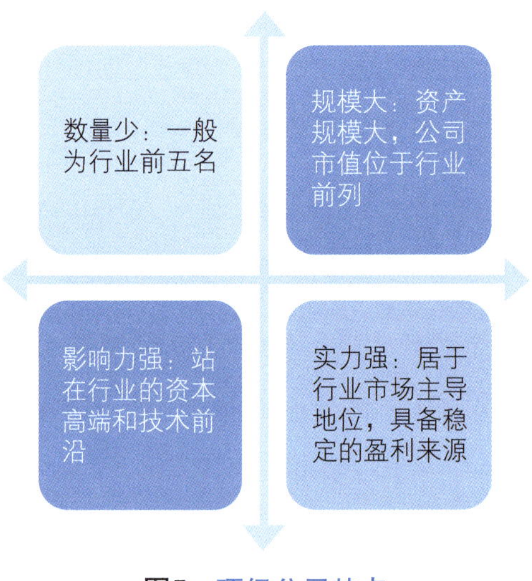

图5　顶级公司特点

（一）顶级公司的发展特征

基于顶级公司的定义，参照2014年世界500强排名，本文选取银行、IT（包括计算机、半导体、互联网）、石化、汽车、日用品、饮料、电梯、咨询、航空9大行业的18家代表性企业作为研究对象（企业名单见附表2）。

从顶级公司的发展历程来看，主要呈现出以下六种特征。

1. 顺应形势，抢抓市场机遇

“沉舟侧畔千帆过，病树前头万木春”。面对转瞬即逝的政策形势和市场机遇，顶级公司凭借灵敏的商业嗅觉和快速的应变能力，摸准了形势的脉搏，跟上了变革的节奏，确保了业务的快速发展和企业的做大做强。

并购是银行业发展壮大的重要途径，而摩根大通就是其中抢抓机遇的翘楚。1996年，美国《州际银行法》颁布，摩根大通的前身JP摩根顺应政府允许跨州设立分支机构和分业经营的形势，通过与大通曼哈顿银行和芝加哥第一银行的强强联合，大大扩展了势力范围，创造了经营业绩的一路攀升。而随着次贷危机的爆发，摩根大通又低价收购了华盛顿互惠银行和贝尔斯登银行，实现了“业务多元化、收益领先化、风险分散化”的规模经济和范围经济，终于成为全球性全能金融服务集团。对行业风向的准确判断和业务机遇的快速把握，使得摩根大通将成本更低、效率更高的并购优势发挥到极致，确保其长久地矗立在顶级公司之列。而不能适应形势发展、无法把握市场机遇的公司注定会走向消亡，成为一个时代的符号残存在人们的记忆中。互联网是近年来市场形势的浪潮中对企业冲击最大的一个，互联网的兴起和发展显著加快了企业新陈代谢的速度。随着互联网与产业融合的不断深入，世界500强企业的平均寿命已从40~50年减少到15年。（1995—2014年世界500强企业前十名的变迁见附表3。）

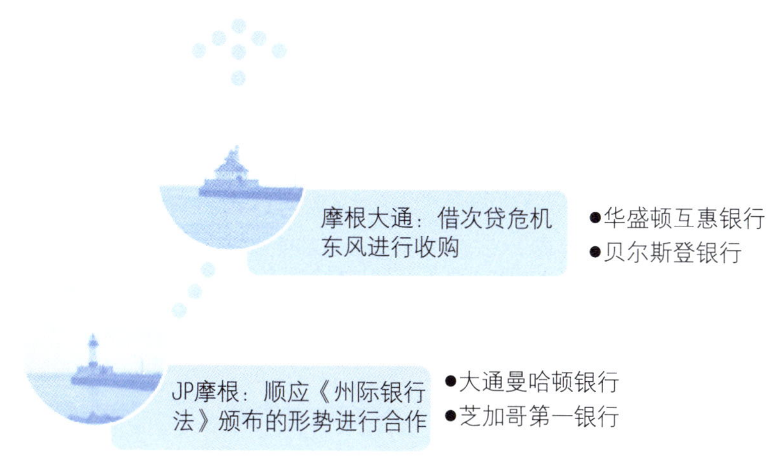

图6　摩根大通的并购发展历程

2. 战略先导，坚持有效执行

“不想当将军的士兵不是好士兵”。顶级公司在发展过程中都有顶尖的战略定位作为指引，通过坚持有效的战略执行，确保企业始终站在趋势的前沿和产业的顶端。

表5 部分顶级公司的战略定位

序号	企业名称	战略定位
1	法兴银行	服务客户和全球经济的银行
2	摩根大通	以第一流的方式做第一流的业务，成为世界上最好的金融服务公司
3	荷兰国际	一家“可信赖、创新、e化”的公司，一家能提供“全世界最好的金融理财服务”的公司
4	苹果	让每人拥有一台计算机
5	壳牌	持续增强油气行业领导者的地位，以负责任的方式满足全球能源需求并提供竞争性的股东回报
6	埃克森美孚	在秉承可持续发展宗旨的同时，以高效、负责的方式提供高品质的石化产品和服务，为客户和股东创造卓越价值
7	宝洁	提供世界一流的产品和服务，以美化消费者的生活；作为回报，将会获得领先的市场销售地位、不断增长的利润和价值，从而令员工、股东以及其生活和工作所处的社会共同繁荣
8	可口可乐	以可口可乐为核心，所拥有的是一个具有卓越品牌与服务的世界性系统，借由这一系统，其授权商与生意伙伴可把满意与价值传递给顾客与消费者，其最终的目的就是要让每个与可口可乐有联系的人都能享用最好的饮料及受惠
9	奥蒂斯	以比世界上任何一家同类公司都要高的可信度，为任何一家客户提供一种将人和物上下左右做短程移动的搬运工具
10	微软	这样一个战略左右一言一行：每个家庭、每台桌子上都有一台电脑，使用着伟大的软件作为一种强大的工具
11	英特尔	成为全球新计算机行业最重要的供应商
12	麦肯锡	帮助杰出的公司和政府更为成功

注：以上由中国民生银行研究院整理。

正是因为顶尖的战略定位，才促使法兴银行、荷兰国际、壳牌、宝洁等公司从底层做起，持续发掘自身的潜力，不断提高自身的能力，一步一个脚印地走上了顶级公司的创建道路。

3. 产业延伸，开拓业务蓝海

“鸡蛋不能放在同一个篮子里”。面对行业激烈的竞争，部分顶级公司注重挖掘产业链环节的新盈利点和高价值点，通过延长产业链条，开拓业务蓝海。

现代互联网行业的发展日新月异，谷歌为如何长久地保持竞争优势提供了学习的典范。以搜索引擎起家的谷歌，在继续深耕本行业业务以外，依托技术和模式的双重优势，不断向产业链上下游延伸，持续拓展新的业务领域，陆续涉足互联网的其他领域和相关产业。从自驾汽车、可穿戴技术，到社交网络、手机操作系统、电子商务，面面俱到，不一而足。通过产业延伸，谷歌开拓了业务蓝海，实现了新业务与传统业务的优势互补，形成了“整体优化、产业协同”的发展态势，谷歌也稳居全球最成功的互联网巨头之列。

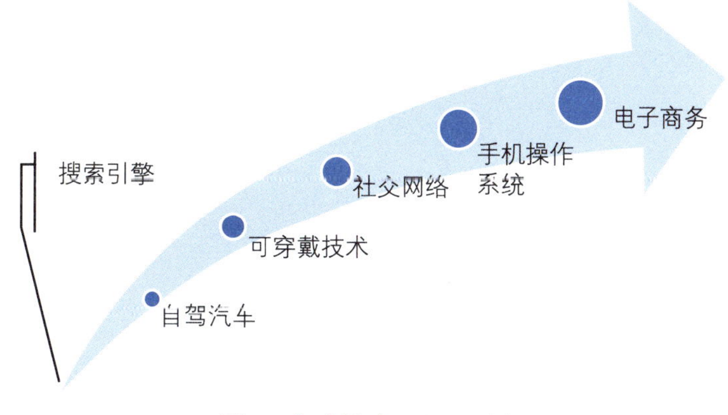

图7 谷歌的产业拓展路径

4. 技术创新，适应客户需求

“科学技术是第一生产力”。部分顶级公司以客户需求为中心，进行持续的技术和产品创新，以引导产业发展的潮流和趋势。

从iPod随身听、iMac个人电脑、Marcbook笔记本电脑，到iPhone手机、iPad平板电脑、iWatch手表，苹果公司的技术和产品创新一直引领着行业的发展，持续刷新着世界对于科技创新的期望值。苹果公司的秘诀在于产品创新的三台阶：一是适应客户需求，产品的设计和研发首要考虑客户需求；二是超越客户需求，创造客户想要但还未想到的功能和效果；三是提升客户价值，通过技术创新帮助客户成长和发展。苹果公司成为顶级公司是偶然，更是必然，偶然在于1997年乔布斯的王者归来，而必然则是苹果公司对于技术创新的不懈追求，对于客户需求和价值的持续挖掘。而曾经的网络通信设备王者诺基亚就是因为无法持续的创新以适应客户手机智能化的需求而被苹果公司取代。

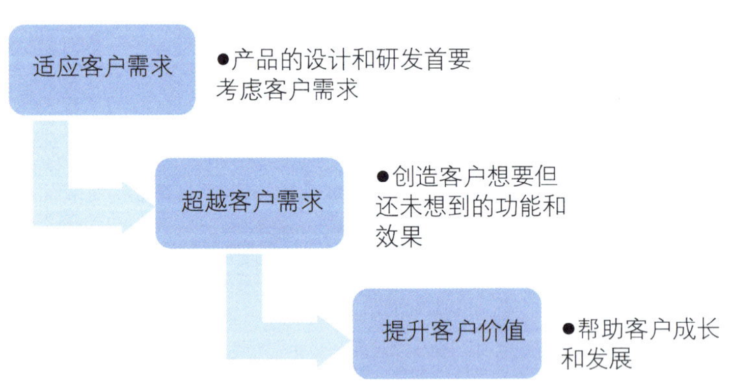

图8 苹果公司的产品创新三台阶

5. 管理驱动，发挥管理优势

“管理来自于实践”。部分顶级公司从驱动企业发展的管理轮子中寻求机会，将管理理念的精确导向和管理模式的有效落实作为立足的根本和发展的动力。

作为汽车行业的后来者，丰田公司在技术研发方面难以比肩“欧美列强”的先天优势，因此，强化管理、挖掘管理优势和潜能就成为丰田公司抗衡“欧美列强”的本钱。通过结合单件生产和批量生产的特点和优点，创造了多品种、小批量混合生产条件下高质量、低消耗的“精益生产管理模式”，其管理模式与公司环境和企业文化高度融合，完美契合了汽车市场需求多样化、质量严格化的潮流，从而奠定了丰田公司在全球汽车市场上的领先地位。在缺乏技术优势的情况下，丰田公司立足自身实际，依据汽车市场的潮流，构建了顺应市场形势和适合自身发展的管理模式，实现了内外部资源的优化整合，提高了企业的管理水平和运营效率。

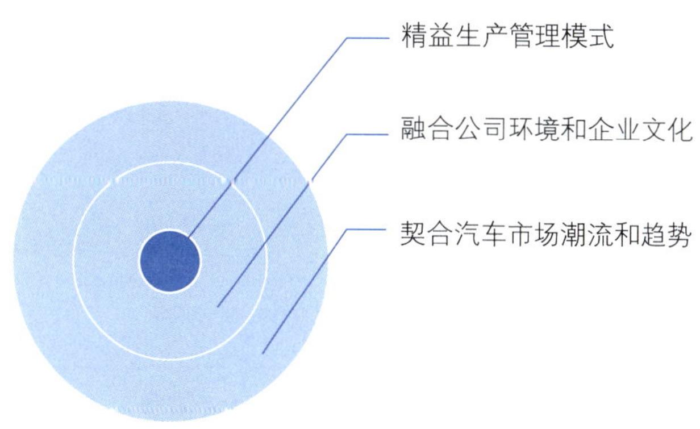

图9　丰田公司管理模式的确立

6. 以人为本，提供人才保障

“千金易得，一将难求”。顶级公司都拥有核心领军人物，确立了符合企业需要的人才战略和人才机制。

首先，核心领军人物是企业的灵魂指引。领军人物是团队形成和发展的关键，是企业对外宣传的“精神标杆”。像微软公司的比尔·盖茨、苹果公司的乔布斯、谷歌公司的拉里·佩奇和谢尔盖·布林、丰田公司的丰田喜一郎等都是各自企业的核心领军人物，企业的成功离不开他们的指引与规划。

其次，人才战略是企业的前进动力。由于人力资源具备多层次和维度的属性，因此顶级公司都有“独辟蹊径”的人才战略。在人才战略中，企业家战略是很重要的一环。当今世界正处于一种新的商业和经济发展的大潮中，企业家正是其中的催化剂。企业家战略是在公司内部塑造具有“创新、敬业、合作、诚信、执著”的企业家精神的管理者，企业家战略已经成为很多顶级公司增长和发展的主要动力。

最后，人才机制是企业的主要支撑。顶级公司都建立了选人、聘人、用人和培养人的标准和要求。正是信奉“人才为本”的理念，有了这些“身怀绝技”的人才和“不拘一格”的人才机制，微软公司、丰田公司、英特尔公司等顶级公司才打造了人力资源这一企业资源的核心要素，确保了优良的员工素质和厚实的人才储备。

表6 部分顶级公司的人才战略

序号	企业名称	人才战略
1	壳牌公司	“发现未来的老板”，注重人才的三种能力，即人际关系能力、分析能力和成就能力
2	微软公司	寻找“聪明”的员工，即受过挫折的“失意者”和具有冒险精神的员工
3	苹果公司	以科学管理为核心：专业的iHR人力资源管理系统，人本管理，以创新为导向的研究员计划
4	埃克森美孚公司	从内部选拔管理人才，工作表现决定薪酬高低，忠诚者获得奖励

（续表）

序号	企业名称	人才战略
5	丰田公司	基于精益生产战略的人才选拔标准，超越“岗位职责”的要求招聘员工，严格的选拔程序和多重选拔技术，候选人高度参与
6	宝洁公司	独具慧眼，校园招聘；内部提升，足够的发展空间；培训体系，价值积淀；薪酬福利，留住优秀的雇员；在职训练是最好的训练
7	可口可乐公司	从物质激励、精神激励、荣誉激励三个方面进行人才激励，从基础培训、管理技能培训、业务技能培训三个方面进行人才培训
8	麦肯锡公司	“不上升，就出局”（“UP OR OUT”）
9	英特尔公司	认同企业文化，在这方面得到3分（中等偏上）

注：以上由中国民生银行研究院整理。

（二）顶级公司的成功之道

根据对顶级公司的发展特征分析，总结出顶级公司“六个维度”的成功之道。

1. 机遇把握有速度，顺应形势完成业务布局及发展

顶级公司灵敏的商业嗅觉和快速的应变能力，确保其抢在同业之前抓住市场机遇，积极调整观念和思路，及时制定对策和措施，实现了业务的快速发展，顺应了新形势和新需要。

2. 战略定位有高度，站在趋势的前沿和产业的顶端

很多顶尖公司在发展之初就明确了顶尖的战略定位作为参照，立足实际，谋求深远，通过坚持有效的战略执行，确保企业底层起步却始终站在趋势的前沿和产业的顶端。

3. 产业领域有宽度，延长产业链条和拓宽业务领域

部分顶级公司通过延长产业链条，开拓了业务蓝海，形成了全产业链的

竞争优势和多业务领域的发展推力，实现了“整体优化、产业协同”的一体化效益。

4. 人才储备有厚度，提供坚实智力支持和人才保障

在核心领军人物的指引和规划下，通过建立符合企业需要的人才战略和选拔培养机制，顶级公司培养了“创新、敬业、合作、诚信、执著”的企业家精神的管理者，充分调动了员工的主动性和积极性，确保了优良的员工素质和厚实的人才储备，为企业发展提供了坚定的智力支持和人才保障。

5. 管理模式有精度，实现管理理念和模式的精确化

部分顶级公司在发展之初就构建了顺应市场形势和适应企业发展的管理模式，挖掘管理的潜能，发挥管理的优势，从管理理念和管理模式的精确化角度打造了顶级公司的核心竞争力。

6. 技术创新有深度，适应客户多元化和个性化的需求

部分顶级公司通过持续的技术和产品创新来引领产业发展的潮流和趋势，充实对客户的服务内容，提高对客户的服务水平，从而满足了客户多元化和个性化的需求，以及不断提升的价值追求。

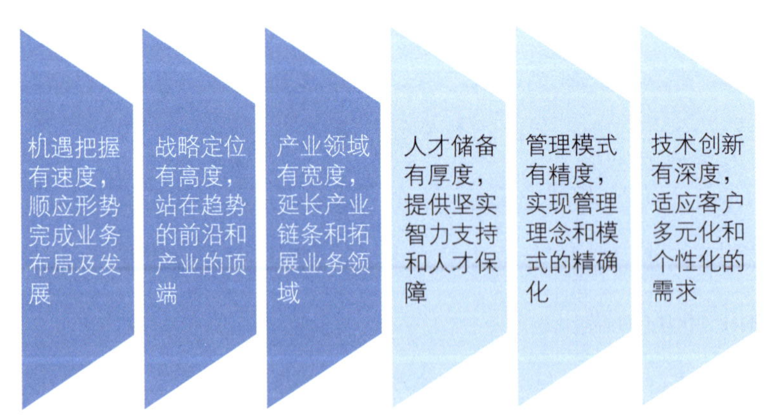

图10　顶级公司的成功之道

三、“百年老店式”企业和顶级公司成功之道的异同

“百年老店式”企业和顶级公司之所以成功，在于都坚持了明晰的战略和有效的执行，并根据环境变化进行文化调整和持续的创新。但成功之道也存在不同之处。

表7　“百年老店式”企业和顶级公司成功之道的异同

<table>
<tr><th rowspan="2">企业类型</th><th rowspan="2">相同点</th><th colspan="4">不同点</th></tr>
<tr><th>成功持续性</th><th>定位明确性</th><th>品牌独特性</th><th>产业专注性</th></tr>
<tr><td>“百年老店式”企业</td><td rowspan="2">明晰的战略，有效的执行；与环境相适应并不断调整的企业文化；持续的创新</td><td>成功更为持久、更加有效</td><td>某一领域或细分行业确立稳定的市场地位，更有针对性地锁定客户群体</td><td>品牌形象更鲜明，更具历史底蕴</td><td>大多专注于某一专业领域进行深度经营</td></tr>
<tr><td>顶级公司</td><td>持续成功有待时间检验</td><td>战略定位高端，即行业的前五名，以获取更广泛的行业受众</td><td>产业领域相对较多，在整体上欠缺更具自身特色的品牌形象</td><td>更注重深挖产业链上新的盈利点和高价值点，以开拓业务蓝海</td></tr>
</table>

四、“百年老店式”企业和顶级公司对我国企业的启示

“路漫漫其修远兮，吾将上下而求索”。综合对“百年老店式”企业和顶级公司发展特征与成功之道的分析，要实现“百年老店式”顶级公司的梦想，我国企业需要从以下五个方面入手：一是定位高端，明确战略定位；二是顺应形势，构建管理模式；三是塑造文化，打造品牌形象；四是以人为本，提供人才保障；五是依托创新，实现转型升级。

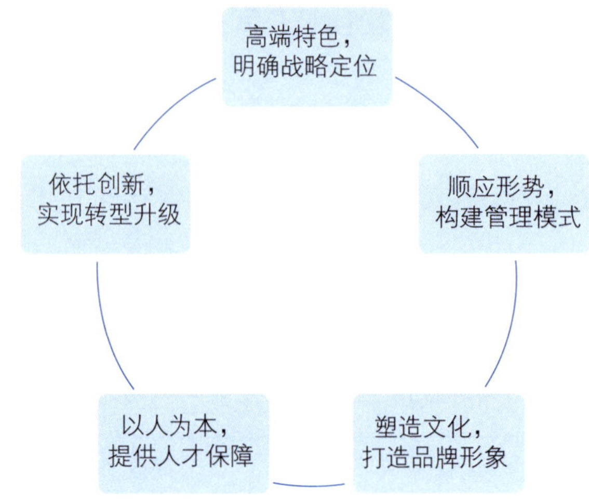

图11 我国企业打造“百年老店式”顶级公司的思路

（一）定位高端，明确战略定位

立足自身实际，基于长远性、全局性的发展谋划，根据“定位高端、差异经营、有效控制、防控风险”的思路制定战略，确保企业始终站在趋势的前沿和产业的顶端：一是定位高端。以行业顶尖公司为榜样，创建中国乃至世界顶尖企业之一。二是差异经营。找准自身定位，树立异于同业的经营特色，培养坚实的客群基础和市场份额。三是有效控制。战略需要坚持有效的执行和适时动态的调整，实现战略控制的良性闭合循环。四是防控风险。严守风险底线，加快推进全面风险管理体系建设，强化重点领域和关键环节的风险精细化管理，有效防范和控制经营风险。

（二）顺应形势，构建管理模式

从战略高度审视产业发展的机会和挑战，从内外部环境发现自身的优势和劣势，构建顺应形势和自身发展的管理模式：一是挖掘管理潜力，发挥管理优势，构建精确化和有效化的管理模式，实现从粗放式管理向专业化、精细化管理的转变；二是把握政策导向、形势趋向和客户取向，根据内外部环境的变化调整战略重点。

（三）塑造文化，打造品牌形象

通过塑造与内外部环境相适应并不断调整变化的企业文化，打造基于企业文化的品牌形象和核心竞争优势。

一是从外表层的物质文化、中间层的制度文化和内核层的精神文化明确企业文化内涵，构建企业文化和价值体系，塑造与内外部环境相适应并不断调整变化的企业文化。

二是基于企业文化，明确服务理念和市场定位，从三个方面打造企业的品牌形象，提升企业的知名度和美誉度，建立不可代替的市场辨识度和客户认可度：一要转变思想观念，强化品牌意识；二要加强品牌管理，树立品牌形象；三要发挥品牌效应，提升品牌价值。

（四）以人为本，提供人才保障

把人力资源提升到战略高度，与企业整体战略紧密结合，对人才进行全局性统筹和安排。

一是建立符合企业需要的人才机制。优化员工结构，提升员工素质，塑造具有“创新、敬业、合作、诚信、执著”的企业家精神的管理者，确保充足的人才储备和智力支持。

二是建立以激励约束、激发员工潜能、动态竞争为核心内容的人力资源管理体系。调动员工积极性，激发员工潜能，开展内部合理竞争，最大限度地发挥个人能力，增强员工事业心及敬业精神，增强企业凝聚力。

（五）依托创新，实现转型升级

面临日益严峻的市场形势和竞争态势，企业要突破原有的经营思维和业务范畴，从管理理念、经营模式和产品服务三个维度进行持续的变革和创新，以实现自身转型和可持续发展。

一是创新管理理念。树立管理理念的“市场化和服务化导向，标准化和系统化管理，人本化和模式化运作”，加快内部体制机制改革和转型。

二是创新经营模式。重新审视客户的价值主张，超越原有的业务范围和管理边界，从“再造业务流程”、“整合业务渠道”和“优化价值链”三个方面创建互利共赢的经营模式。

三是创新产品服务。从“以产品设计和营销为中心”向“以客户需求和体验为中心”转变，提高营销水平和服务能力，为客户提供高附加值的创造性和个性化的产品及服务。

附录：

附表1 “百年老店式”企业研究对象

序号	行业	企业	寿命（年）	成立时间	序号	行业	企业	寿命（年）	成立时间
1	银行	苏格兰皇家银行	288	1727年	19	零售	克罗格	132	1883年
2		美国银行	231	1784年	20		玛莎	131	1884年
3		荷兰银行	191	1824年	21	石化	杜邦	213	1802年
4		富国银行	163	1852年	22		巴斯夫	150	1865年

（续表）

序号	行业	企业	寿命（年）	成立时间	序号	行业	企业	寿命（年）	成立时间
5	银行	瑞信银行	159	1856年	23	石化	埃克森美孚	133	1882年
6		巴克莱银行	153	1862年	24		壳牌	125	1890年
7		法兴银行	151	1864年	25		BP	106	1909年
8		加拿大皇家银行	146	1869年	26	汽车	戴姆勒	129	1886年
9		德意志银行	145	1870年	27		福特	112	1903年
10	餐饮	卡夫公司	163	1852年	28		通用	107	1908年
11		嘉吉公司	150	1865年	29	电气	施奈德	179	1836年
12		雀巢集团	148	1867年	30		西门子	168	1847年
13		百威英博	139	1876年	31		通用电气	137	1878年
14		百事可乐	117	1898年	32		ABB	132	1883年
15		玛式公司	104	1911年	32		霍尼韦尔	130	1885年
16	零售	梅西百货	157	1858年	34		日立	105	1910年
17		巴黎春天	150	1865年	35	IT	IBM	104	1911年
18		森宝利	146	1869年	36	通信	美国电话电报	138	1877年

注：以上由中国民生银行研究院整理，测算时间截至2015年。

附表2 顶级公司研究对象

序号	行业	企业	2014年行业排名
1	银行	法兴银行	1
2		荷兰国际	3
3		摩根大通	4
4	计算机	苹果	1
5	计算机软件	微软	1
6	互联网	谷歌	2
7	半导体	英特尔	1
8	石化	壳牌	1
9		埃克森美孚	4
10		BP	5
11	汽车	大众	1
12		丰田	2
13		戴姆勒	3
14	日用品	宝洁	1
15	饮料	可口可乐	1
16	电梯	奥蒂斯	1
17	咨询	麦肯锡	1
18	航空	波音	1

注：以上由中国民生银行研究院整理。排名参考2014年财富世界500强。银行业排名为剔除了中国银行后的排名。

附表3 1995—2014年世界500强企业前十名变迁

2014年排名	企业名称	2013年排名	企业名称	2012年排名	企业名称	2011年排名	企业名称	2010年排名	企业名称
1	沃尔玛	1	壳牌	1	壳牌	1	沃尔玛	1	沃尔玛
2	壳牌	2	沃尔玛	2	埃克森美孚	2	壳牌	2	壳牌
3	中石化	3	埃克森美孚	3	沃尔玛	3	埃克森美孚	3	埃克森美孚
4	中石油	4	中石化	4	BP	4	BP	4	BP
5	埃克森美孚	5	中石油	5	中石化	5	中石化	5	丰田
6	BP	6	BP	6	中石油	6	中石油	6	日本邮政
7	国家电网	7	国家电网	7	国家电网	7	国家电网	7	中石化
8	大众	8	丰田	8	雪佛龙	8	丰田	8	国家电网
9	丰田	9	大众	9	康菲	9	日本邮政	9	安盛
10	嘉能可	10	道达尔	10	丰田	10	雪佛龙	10	中石油
2009年排名	**企业名称**	**2008年排名**	**企业名称**	**2007年排名**	**企业名称**	**2006年排名**	**企业名称**	**2005年排名**	**企业名称**
1	壳牌	1	沃尔玛	1	沃尔玛	1	埃克森美孚	1	沃尔玛
2	埃克森美孚	2	埃克森美孚	2	埃克森美孚	2	沃尔玛	2	BP
3	沃尔玛	3	壳牌	3	壳牌	3	壳牌	3	埃克森美孚
4	BP	4	BP	4	BP	4	BP	4	壳牌
5	雪佛龙	5	丰田	5	通用汽车	5	通用汽车	5	通用汽车
6	道达尔	6	雪佛龙	6	丰田	6	雪佛龙	6	戴姆勒—克莱斯勒
7	康菲	7	荷兰国际	7	雪佛龙	7	戴姆勒—克莱斯勒	7	丰田

（续表）

2009年排名	企业名称	2008年排名	企业名称	2007年排名	企业名称	2006年排名	企业名称	2005年排名	企业名称
8	荷兰国际	8	道达尔	8	戴姆勒—克莱斯勒	8	丰田	8	福特
9	中石化	9	通用汽车	9	康菲	9	福特	9	通用电气
10	丰田	10	康菲	10	道达尔	10	康菲	10	道达尔
2004年排名	**企业名称**	**2003年排名**	**企业名称**	**2002年排名**	**企业名称**	**2001年排名**	**企业名称**	**2000年排名**	**企业名称**
1	沃尔玛	1	沃尔玛	1	沃尔玛	1	埃克森美孚	1	通用汽车
2	BP	2	通用汽车	2	埃克森美孚	2	沃尔玛	2	沃尔玛
3	埃克森美孚	3	埃克森美孚	3	通用汽车	3	通用汽车	3	埃克森美孚
4	壳牌	4	壳牌	4	BP	4	福特汽车	4	福特汽车
5	通用汽车	5	BP	5	福特汽车	5	戴姆勒—克莱斯勒	5	戴姆勒—克莱斯勒
6	福特汽车	6	福特汽车	6	安然	6	壳牌	6	三井
7	戴姆勒—克莱斯勒	7	戴姆勒—克莱斯勒	7	戴姆勒—克莱斯勒	7	BP	7	三菱
8	丰田	8	丰田	8	壳牌	8	通用电气	8	丰田
9	通用电气	9	通用电气	9	通用电气	9	三菱	9	通用电气
10	道达尔	10	三菱	10	丰田	10	丰田	10	伊藤忠
1999年排名	**企业名称**	**1998年排名**	**企业名称**	**1997年排名**	**企业名称**	**1996年排名**	**企业名称**	**1995年排名**	**企业名称**
1	通用汽车	1	通用汽车	1	通用电气	1	三菱	1	三菱

（续表）

1999年排名	企业名称	1998年排名	企业名称	1997年排名	企业名称	1996年排名	企业名称	1995年排名	企业名称
2	戴姆勒—克莱斯勒	2	福特汽车	2	福特汽车	2	三井	2	三井
3	福特汽车	3	三井	3	三井	3	伊藤忠	3	伊藤忠
4	沃尔玛	4	三菱	4	三菱	4	通用汽车	4	住友
5	三井	5	壳牌	5	伊藤忠	5	住友	5	通用汽车
6	伊藤忠	6	伊藤忠	6	壳牌	6	丸红	6	丸红
7	三菱	7	埃克森	7	丸红	7	福特汽车	7	福特汽车
8	埃克森	8	沃尔玛	8	埃克森	8	丰田	8	埃克森
9	通用电气	9	丸红	9	住友	9	埃克森	9	日商岩井
10	丰田	10	住友	10	丰田	10	壳牌	10	壳牌

数据来源：1995—2014年财富世界500强。

2016

MINYIN ZHIKU YANJIU

1

民银智库研究

总第1期

宏 观 篇

近年来我国民间投资发展态势及进一步激发民间投资对策建议

▶ 李岩玉　王静文　应习文　王一峰　刘德伟　朱军阳　霍天翔

一、近年来我国民间投资的发展态势

（一）2012年以来我国民间投资出现快速回落

新世纪以来，随着我国经济的不断增长，民间资本作为非公有制经济主体的重要组成部分得到了快速发展。特别是2005年和2010年国务院先后发布了《国务院关于鼓励支持和引导个体私营等非公有制经济发展的若干意见》（简称“非公36条”）以及《国务院关于鼓励和引导民间投资健康发展的若干意见》（简称新“非公36条”），为民间投资发展奠定了纲领性的基础。我国民间投资占全部固定资产投资的比重由2004年末的30.63%上升至了2015年的65%左右。

然而，随着2012年以来我国经济进入“新常态”，受外需萎缩、内需低迷以及房地产市场周期性调整等因素影响，我国固定资产投资累计增速呈现“逐月放缓”的态势，而民间投资下降的幅度更快。至2015年11月末，我国民间投资同比累计的同比增速已由2011年末的34.2%回落至10.3%，同时期我国整体固定资产投资增速则由23.8%回落至10.2%。民间投资占整体固定资产投资的比重也不再增长，由2015年5月65.4%的最高点下滑到11月的64.6%（见图1）。

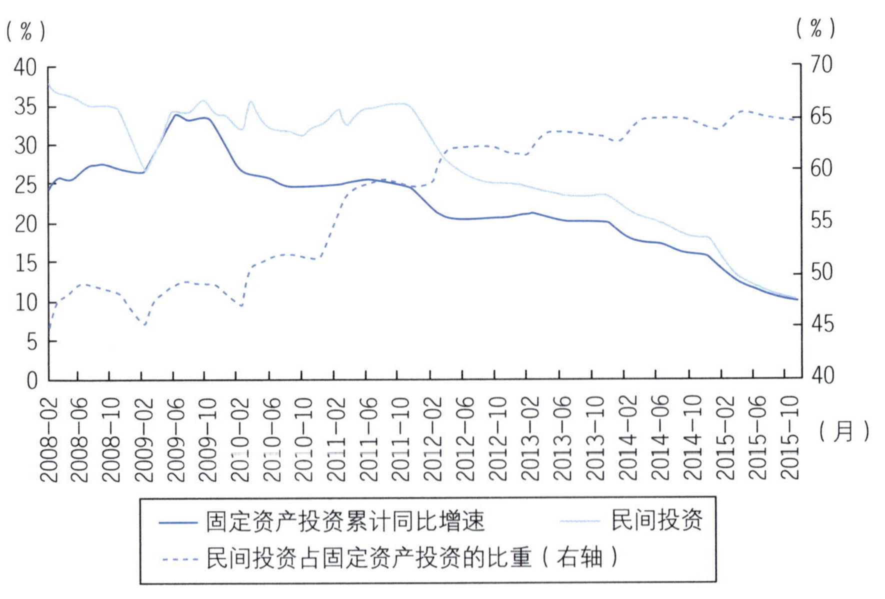

图1 我国固定资产投资累计同比增速

（二）西部地区民间投资下滑最为严重

从分区域来看，东部、中部、西部地区固定资产投资增速均出现持续下滑，其中西部地区下滑程度最为严重，在2015年上半年基本呈“断崖式”下跌，由2014年末的20.3%下滑至2015年5月末的5.1%（见图2）。与此同时，西部地区民间资本占整体投资的比重也出现下滑，由2014年末的53%下降至2015年11月的50.7%，而同时期东部、中部地区的占比保持稳定。

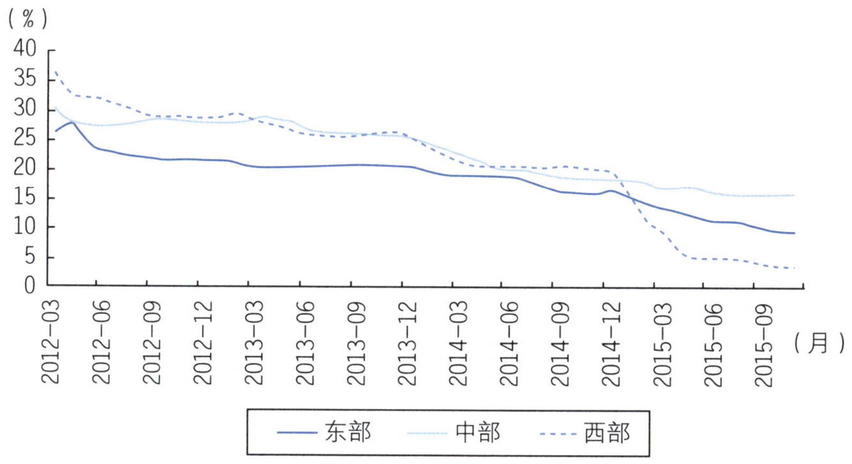

图2 我国东部、中部、西部地区民间投资累计同比增速

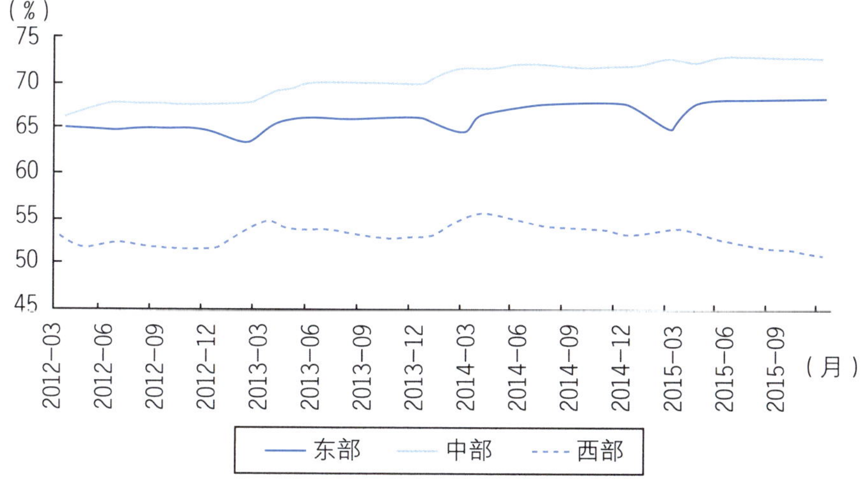

图3 我国东部、中部、西部地区民间投资占整体投资的比重

（三）资源型行业成为民间投资集中撤出的行业

从分行业来看，第一产业民间投资仍保持较快增长，2015年1~11月，农、林、牧、渔业民间投资同比增长32.5%；资源型行业（矿产、能源的采掘及加工等行业）遭到民间投资的集中撤出，采矿业民间投资同比下降12.1%，石油与黑色金属采选业下降幅度达到20%以上；黑色金属冶炼及压延加工业同比下降13.4%，有色金属冶炼及压延加工业同比下降3.5%；制造业保持相对平稳，1~11月民间资本投资同比增长9.6%，其中计算机、通信和其他电子设备制造业同比增长18.9%；电力、热力、燃气及水的生产和供应业同比增长29.8%；第三产业同比增长9.7%，其中道路运输业同比增长27.3%，水利管理业同比增长36.7%，卫生和社会工作业同比增长55.2%。

（四）民间投资整体呈现出较明显的顺周期特性

与国有资本不同，民间资本对于实体经济的冷暖感知更为敏感，对资本的回报率和安全性要求更高。当经济繁荣时期，民间投资往往受资本逐利的特性而高速增长，但在经济下行时期，民间投资退出的速度也更快。在2009年我国4万亿元投资快速增长时期，民间投资同比增速一度达到35%以上，连续多月高于投资总体增速10个百分点以上，而2015年以来，随着经济下行压力不断加大，民间投资增速快速回落，目前已与整体投资增速持平，其顺周期、波动大的特性凸显。从区域与行业来看，民间投资主要从西部地区和资源型行业退出，这也显示出其快速逐利的顺周期特点。

二、民间投资增幅回落较大的原因分析

（一）经营风险加大导致民间资本“不敢投”

新常态下，经济面临较大的下行压力，导致企业经营风险较大，其中又以产能过剩问题集中的资源型行业为甚，而这又是民间资本原先比较集中的领域。受世界经济仍复苏乏力和国际大宗商品价格的大幅下降影响，我国PPI已连续46个月处于通缩区间，房地产业进入长周期拐点，对资源类产品的需求大幅下降。随着资源类相关行业盈利能力的下降及风险的加大，民间资本不敢贸然进入，导致投资增速大幅下滑。

（二）投资回报率下降导致民间资本“不愿投”

近年来，我国的产能过剩状况愈发凸显，与之相对应的则是产能利用率不足与投资回报率下降。据统计，自股改以来，上市公司的平均ROE大约在15%，但从2012年起则持续稳步下行，2015年大约降至10.3%的水平。民间资本对投资回报率更为看重，而这一指标的下降，导致民间资本投资意愿减弱。

（三）行业准入限制导致民间资本“不能投”

我国对国有资本、民间资本和外国资本的市场准入政策存在较大差异，银行、保险、电信等行业早已对外资开放，但对民间资本仍存在限制。另外，电力、水利设施、铁路、港口、卫生、医疗等行业是民间投资大有作为的领域，但由于受体制的限制，民间资本同样无法进入。近年来，尽管我国不断降低民间投资准入门槛，但相关配套措施不完善，导致民营企业无法平

等竞争。

（四）融资渠道不够畅通导致民间资本“没有能力投”

我国融资体系以间接融资为主，而银行体系又是国有银行主导，金融供给与金融需求存在错配，数量众多的民营企业无法获得平等融资机会和优惠政策，融资相对成本普遍较高。与此同时，民营企业缺乏有效的信用担保，在国内经济增速下行压力较大的背景下，商业银行惜贷情绪上升，风险管控加强，加剧了民营企业的贷款困难和融资成本，这在某些时候成为民间资本扩大投资的掣肘。

（五）政府服务意识相对不足导致民间投资积极性减弱

一是政府相关部门对民间投资的资格认定及注册资本方式、用地指标的落实、经营范围的划分、投资项目的许可、产权转移与企业兼并等诸多环节实行“前置”审批，导致民间投资手续繁杂、效率较低；二是政府对民间投资在技术、信息、法律等方面的服务意识不足，导致部分民间投资者的合法权益无法得到有效保障；三是民营企业税收负担较重，不合理收费现象时有发生，制约了民间资本的积累和民间投资的增长。

三、更大激发民间投资的对策建议

（一）进一步发挥市场在资源配置中的作用，稳定民间投资预期

从“是否有利于发展社会主义社会的生产力、是否有利于增强社会主义国家的综合国力、是否有利于提高人民的生活水平”出发，真正发挥市场在资源配置中的作用，鼓励发挥民营资本的市场主体地位，营造吸引民间投资

的市场环境。一是政府要完善法律法规、行业规范，规范市场主体行为；二是打破地区封锁和行业垄断，形成统一开放、公平竞争的市场体系；三是依法行政，建设服务型政府，切实履行好政府的管理和服务职能。

（二）加快体制机制改革，进一步释放民间投资的活力

加快体制机制改革，形成适合民间投资持续健康发展的社会和市场环境。一是打破条块分割、阻碍物流业发展的体制机制障碍，构造发展现代物流业的政策环境，建立和完善现代物流服务体系；二是加快价格税收体制改革，逐步消除重复征税，减费降税，进一步为企业减轻税费负担；三是加快国有企业改革，放开市场准入，尽快在非战略、竞争性领域如金融、石油、电力、铁路、电信、资源开发、公用事业等向民间资本推出一批符合产业导向、有利于转型升级的项目，并允许民营资本相对或绝对控股，吸引民间资本，形成示范带动效应，在推进结构改革中发展混合所有制经济。

（三）加强金融供给侧改革，发挥金融体系对制造业发展的杠杆作用

我国应建立符合中国国情的、多层次的金融支持体系。一是加大财政融资和政策性融资对民营经济的金融支持力度，为新产品开发、工艺开发和新技术商业化等方面的研发活动提供长期、低息贷款支持；二是使间接融资与直接融资并重，适度发展虚拟经济，让大型和中小型制造业企业都能通过适宜的渠道获得金融支持；三是积极发展民营银行，降低准入门槛，加快民营银行的设立与审批，增加金融供给主体和金融产品，改进中小企业的金融服务，加大资金有效供给；四是加快推进资本市场的注册制改革，加快企业上市的步伐，激发民间创业投资的意愿；五是投贷联动，允许银行在风险可控的前提下进行股权投资，为实体经济的发展提供稳定、长期的资金支持。

（四）加大财政专项资金对民间投资的金融支持力度，鼓励、引导民间资本投向

一是多措并举提高增信支持，有效降低民营企业的融资成本，建立中小企业融资支持增信体系，创造多样化的增信方式，满足不同信用条件下中小企业的融资需求，诸如可建立专属民间投资的财政专项资金支持的国家级、省级担保机构、风险补偿基金等，提高民间投资的积极性，降低投资风险和成本；二是为民间投资提供专属贷款贴息支持政策，设立民间投资项目指导目录，针对目录上国家鼓励、支持的投资项目，为民间投资主体提供专项贷款贴息支持；三是支持金融机构创新金融产品支持民间投资，建议对金融机构创新产品支持的民间投资项目如表外产品及债券、信托、基金等类信贷产品支持的项目，视同贷款项目也实施贴息政策。

（五）大力弘扬企业家精神，完善产权制度，推动民营企业在新常态下创新发展

企业是我国经济发展的中流砥柱，企业家精神是经济增长的不竭动力。一是要大力弘扬创新精神、冒险精神、创业精神和宽容精神，形成尊重创业、尊重创业者、宽容失败的社会文化氛围，培育更加宽松的创新创业文化；二是建立完善的产权制度，避免政府的随意干涉，为企业提供稳固的法律保障，形成稳定的生产预期，打造百年老店；三是保护知识产权，完善公平竞争的市场环境，建立健全知识产权投融资体系，引导、促进民间资本进行知识产权投资，为企业提供知识产权质押融资、风险投资、担保等投融资服务，解决中小企业发展中的资金短缺问题。

四、银行在激发民间投资活力方面可采取的措施

（一）创造条件发行民营企业扶持债券，变政府单向输血式扶持为杠杆式融资扶持

建议政府以各地龙头民营企业集团等平台作为融资主体，支持有产业专业运作经验、中小企业运营能力强的银行作为主承销商，发行产业扶持债券。发债资金指向当地优质企业，发债规模可以在政府风险缓释基金的基础上放大20倍（即风险缓释基金比例为5%），变政府单向输血式的资金扶持为杠杆式融资扶持模式，撬动大量资金，为企业提供可持续发展的大额资金，惠及更多企业。

此举优势如下：一是能够实现政府在“十三五”期间大力发展各地产业的初衷；二是能够解决财政资金支持产业发展惠及面有限的问题；三是能够发挥商业银行经营优势即成熟的信贷产品、专业化的审批及信贷的规范化管理优势，确保债券资金投向政府拟扶持的企业，真正解决企业融资难的问题。

（二）完善产业园区金融服务功能，设立产业担保机构和互助基金，以金融手段促进产业集聚

一是由政府出资设立针对产业园区融资服务的担保机构，为入驻企业提供融资担保；二是银行主导在园区内集聚一批盈利模式清晰、有持续经营能力的优质企业，成立企业互助合作社，并对成员企业进行融资；三是在企业互助合作社成员自愿的基础上，由其缴纳一定比例的产业互助资金成立基金，由银行主导进行基金管理，银行对基金成员企业可实行免担保等快捷融资模式。

引入各类金融增信服务机制，使园区配套服务功能更完善，从而吸引优质企业入园，或使已入园企业焕发活力，形成有产业链的产业园区，真正发挥园区应有的产业集聚效应。

（三）创新金融服务模式，发挥产业基金的金融杠杆及资源整合效力，引导民间资本投向

针对各区域民间投资活跃程度偏低、面临巨大资金瓶颈的现状，可采用银行、国有资本、民间资本共同出资的产业基金方式创新金融服务模式，发挥金融杠杆及资源整合效力，引导分散的民间资本进入资本密集型的高端制造、基础设施、公共事业等行业，引导民间资本参与企业并购、重组等业务，持续优化我国的产业结构。一是建议地方政府或国有企业认购一定的基金份额作为劣后，以增强基金发售时投资者的信心；二是建议地方政府在产业的培育期和攻坚阶段给予必要的扶持，建立风险补偿基金或提供担保；三是给予一定的税收等政策优惠，因为整个基金交易结构中涉及多个主体和交易环节，税收成本必将大大增加基金运营成本，建议政府在最大范围内减免基金各个主体和交易环节的税收，包括但不限于营业税、所得税、契税、印花税等。

（四）大力推进资产证券化，盘活存量资产，降低实体经济融资成本

一是通过资产证券化等创新金融工具，盘活民营企业的存量信贷，降低企业杠杆率；二是积极采用市场化手段，多渠道、批量化处置不良资产，加大不良资产处置力度，为新增贷款腾出空间；三是优化信贷资源布局，加大对“一带一路”、“京津冀协同发展”、“长江经济带”等战略区域和重点

行业的支持力度，提供倾斜性的政策支持，从考核激励、资源配置、营销推动等方面提供政策保障，为我国经济发展培育新的经济增长极。

（五）配合监管部门扭转“脱实向虚”态势，引导民间资本投向实体经济

担当社会责任、服务实体经济是金融业持续发展的根本，过度虚拟化、脱离实体经济是金融风险积聚的重要原因。一是银行业要坚持服务实体经济的方针，有效引导民间资本进入新“非公36条”业务领域，抑制民间资本脱实向虚，切实鼓励非公资本参与国企改革、垄断领域及高投资回报率的行业，提高民间资本的投资收益；二是配合监管部门加大对P2P、互联网金融等金融创新模式的监管，从源头入手，严格杜绝非法集资、高息骗存、庞氏骗局的发生，规范资金供给市场，引导民间资本投向实体经济。

（六）提供融智服务，促进民间资本加大投资力度

以党的十八届三中全会提出的建设有中国特色新型智库为契机，银行可着力加强智库建设，以本行研究机构为依托，整合行内外研究力量，积极为企业提供融智服务。一是提供财务顾问服务，通过规范的、专业化的银行业金融服务，为民间投资主体作出科学合理的配置，做好投后管理，降低民营企业经营成本，控制风险，提高民间投资的成功率和收益率；二是提供管理咨询服务，例如品牌管理、市场营销、节税方案等，为企业制订财务管理方案，提供有效的财务管理计划；三是提供在线平台服务，为企业主搭建多样化的交流平台，例如知识中心、咨询中心、股权融资信息中心等；四是提供教育培训服务，由银行与专业的培训机构和大学合作，为企业主提供一系列培训课程，提高其专业的管理技能。

德国经济金融发展模式的启示及借鉴

▶ 王静文　应习文　刘德伟　张雨陶　刘　杰　刘桂林

在世界主要经济体中，德国的发展模式可能最值得称道。其经济增速始终名列前茅，第二次世界大战后很少发生经济金融危机，制造业实力强大，是目前全球最大的贸易顺差国，财政收支平衡，金融体系稳健，房地产市场更是极少出现泡沫。当前，在中国经济面临增速换挡、制造业需要升级换代、资本市场和房地产市场都出现泡沫的情况下，德国模式能够给我国未来发展提供多方面的有益启示和借鉴。

一、德国经济金融发展的四个典型特征

从第二次世界大战后的发展历程来看，德国具备经济增长强韧、制造能力强大、虚拟经济发展适度、社保与财政保持平衡这四个方面的典型特征。

（一）经济持续稳健增长，具有高效、稳定、抗风险能力强的显著特点

总结第二次世界大战以来主要发达国家的发展历程，可以看出以美国、德国、英国、法国、日本为代表的发达国家基本经历了第二次世界大战后快速发展时期、石油危机与滞胀时期、全球化与互联网发展时期、全球金融危

机时期以及后危机时期五个发展阶段。在这五个发展阶段，德国经济始终保持相对稳健强劲的增长，体现出高效、稳定和抗风险能力强的显著特点。

1. 德国是第二次世界大战后年平均经济增长率最快的发达国家

从1951年至2014年的64年期间，德国GDP的年平均实际增长率为4.65%，而同时期美国为3.20%，日本为4.22%，英国为2.56%，法国为3.16%（见表1）。

表1 五国年平均经济增长率对比

单位：%

时间	德国	美国	日本	英国	法国
1951—1960年	10.02	3.64	8.81	3.42	5.11
1961—1970年	8.90	4.30	9.02	3.09	5.72
1971—1980年	2.91	3.20	4.59	2.14	3.24
1981—1990年	2.34	3.36	4.65	2.89	2.54
1991—2000年	1.98	3.45	1.15	2.41	2.08
2001—2010年	0.94	1.66	0.80	1.75	1.21
2011—2014年	1.42	2.13	0.69	1.70	0.81
1951—2014年	4.65	3.20	4.22	2.56	3.16

数据来源：世界银行、IMF、各国统计部门，由中国民生银行研究院整理。

2. 德国的劳动生产率保持较快增长

在主要发达国家中，美国作为移民国家其劳动力增长对整体经济增长的贡献要显著高于欧洲国家与日本。如果考虑单位劳动力产出的年增长率，1961年以来，德国平均单位劳动力产出年增长率为2.23%，显著高于美国的1.59%，仅次于日本的2.99%，列第二位。

表2 五国单位劳动力产出年平均增长率对比

单位：%

时间	德国	美国	日本	英国	法国
1951—1960年		2.46			
1961—1970年	4.41	2.52	7.08	2.80	4.60
1971—1980年	2.47	0.58	3.73	1.84	2.41
1981—1990年	1.74	1.69	3.42	2.54	1.61
1991—2000年	1.97	2.16	0.57	2.32	1.53
2001—2010年	0.93	0.89	0.92	0.94	0.32
2011—2014年	1.36	1.80	1.10	1.06	0.60
1961—2014年	2.23	1.59	2.99	2.01	1.98

数据来源：世界银行、IMF、各国统计部门，由中国民生银行研究院整理。

3. 德国经济增长的稳定性还表现在保持物价稳定的能力

第二次世界大战后的发展历程中，德国始终保持着相对稳定的通胀水平，即便在20世纪70年代两次石油危机时期，在主要发达国家普遍经历高通胀的情况下，德国依然保持了5.08%的平均通胀率，显著低于其他国家。以发达国家2%的通胀率作为目标，计算各时期通胀率与通胀目标的平均距离（绝对值），德国仅为0.8个百分点，物价稳定性显著好于美国、日本、英国、法国。

表3 五国第二次世界大战后各年代平均通胀率对比

单位：%

时间	德国	美国	日本	英国	法国
1951—1960年	1.90	2.12		3.38	5.78
1961—1970年	2.59	2.77	5.76	4.07	4.04

（续表）

时间	德国	美国	日本	英国	法国
1971—1980年	5.08	7.86	9.10	13.79	9.67
1981—1990年	2.63	4.74	2.06	6.08	6.37
1991—2000年	2.39	2.80	0.84	2.69	1.72
2001—2010年	1.56	2.40	−0.26	2.10	1.71
2011—2014年	1.62	2.08	0.70	2.83	1.36
距2%的平均距离	0.80	1.54	2.99	2.72	2.61

数据来源：世界银行、IMF、各国统计部门，由中国民生银行研究院整理。

4. 德国经济具有较强的抵御危机能力

第二次世界大战后德国共经历了6次经济衰退，包括2次石油危机和美国次贷危机，但每次衰退的时间均不超过1年，特别是在欧债危机中的表现“一枝独秀”，显示出较强的抵御危机能力。相比之下，美国在第二次世界大战后共经历7次衰退，且在70年代石油危机和次贷危机后恢复了较长时间；日本在东南亚金融危机与次贷危机中经历了较长衰退期；英国虽然衰退次数少于德国，但在2次石油危机与次贷危机中，均经历了较长的衰退期。五国中，仅有法国所经历的危机和衰退次数要少于德国。

表4　五国第二次世界大战后各年代所经历经济衰退的年份

单位：年

时间	德国	美国	日本	英国	法国
1951—1960年		1954,1958			
1961—1970年	1967		1965		

（续表）

时间	德国	美国	日本	英国	法国
1971—1980年	1975	1974—1975,1980	1974	1974—1975	1975
1981—1990年	1982	1982		1980—1981	
1991—2000年	1993	1991	1998—1999	1991	1993
2001—2010年	2003,2009	2008—2009	2008—2009	2008—2009	2009
2011—2014年			2011,2014		
衰退次数	6	7	6	4	3

数据来源：世界银行、IMF、各国统计部门，由中国民生银行研究院整理。

（二）坚持制造业立国使德国具有良好的实体经济基础

1. 强大的制造业实力

目前，德国经济实力位居世界第四、欧洲第一，经济总量占欧盟的1/3，是当之无愧的火车头。德国精密机械、制药、工程机械、汽车制造、环保产业都闻名于世，其产品以品质优异而著称。与其他主要发达国家相比，德国近年来制造业增加值占GDP的比重始终稳定在20%以上。高比重的制造业不仅创造了高附加值、高技术含量的产品，也为高附加值的服务业奠定了基础。相比之下，英国、美国、日本等国家近年来制造业占比持续下降，其中英国制造业占比已由1995年的19.0%下降到2014年的9.5%，实体经济出现“空心化”现象。

表5 五国制造业增加值占GDP的比重

单位：%

年份	德国	美国	日本	英国	法国
1995	22.6	15.9	21.9	19.0	11.5
2000	22.8	15.1	21.1	15.8	12.0
2005	22.3	13.0	19.8	11.9	11.9
2010	22.0	12.2	19.6	10.2	11.3
2014	22.2	12.0	18.4	9.5	11.2

数据来源：各国统计部门，由中国民生银行研究院整理。

2. 制造业立国使“德国制造”的国际竞争力不断加强，推动出口快速增长

从各主要发达国家经常项目中商品和服务占GDP的比重可以看出，德国自2000年开始经常项目顺差持续增加，显著高于美国、日本、英国、法国四国。2014年，德国净出口占GDP的比重为6.42%，是带动经济增长的重要动力。

表6 五国经常项目中商品和服务净额占GDP的比重

单位：%

年份	德国	美国	日本	英国	法国
1995	0.46	−1.26	1.39	0.41	1.80
2000	0.05	−3.62	1.46	−1.97	1.21
2005	5.08	−5.45	1.53	2.61	−0.57
2010	5.54	−3.31	1.36	2.38	−1.61
2014	6.52	−2.92	−2.77	1.97	−0.79

数据来源：各国统计部门，由中国民生银行研究院整理。

（三）适度发展虚拟经济，金融与房地产行业健康发展

1. 德国以服务实体经济为目标适度发展虚拟经济

与美国、日本、英国、法国等主要发达国家相比，德国金融市场规模并不领先，2012年德国股票交易额占GDP的比重为34.7%，显著低于美国的132.2%和英国的95.2%，也低于法国和日本。从间接融资来看，2014年德国国内信贷投放额占GDP的比重为141.1%，显著低于美国的245.0%和日本的374.2%，也低于英国和法国。虚拟经济的适度发展也表现在广义货币（M_2）规模上，2014年末德国M_2余额占GDP的比重为90.0%，显著低于日本和英国，与美国和法国基本持平。德国的这种经济发展特点显示了其实体经济发展对资本和货币增长的依赖度低，也恰恰体现出其资本利用和金融运转的高效性。

表7 五国股票交易额占GDP的比重

单位：%

年份	德国	美国	日本	英国	法国
1995	22.1	66.7	23.1	41.3	22.6
2000	54.9	309.8	56.9	118.5	79.2
2005	61.7	164.3	109.3	172.8	69.3
2010	41.2	203.5	77.9	124.9	55.4
2012	34.7	132.2	60.5	95.2	42.0

数据来源：世界银行WDI数据库。

表8 五国国内信贷投放额占GDP的比重

单位：%

年份	德国	美国	日本	英国	法国
1995	120.9	165.7	283.4	112.0	98.4

（续表）

年份	德国	美国	日本	英国	法国
2000		191.0	304.7	124.1	
2005	132.8	216.3	317.9	153.0	105.7
2010	165.0	227.1	328.5	209.1	143.6
2014	141.1	245.0	374.2	171.5	148.0

数据来源：世界银行WDI数据库。

表9　五国M_2占GDP的比重

单位：%

年份	德国	美国	日本	英国	法国
1995		60.6	207.2	65.7	
2000		68.3	240.6	101.2	
2005	73.8	71.9	206.6	122.5	76.1
2010	84.0	84.7	226.1	168.7	89.9
2014	90.0	89.5	251.2	140.9	89.8

数据来源：世界银行WDI数据库。

2. 房地产市场稳健发展

房地产业并不是德国的支柱产业，其产业增加值约占GDP的11.1%，是五个发达国家中最低的。从房价相对涨幅来看，2001—2014年，德国二手房房价年均涨幅仅为1.4%，新房房价年均涨幅为2.3%，而美国同时期房价年均涨幅为2.4%，英国为5.4%，均高于德国。从收入房价比（年收入/房屋每平方米单价）来看，德国在15~20倍，即一年的收入可以购买15~20平方米的房屋。相比之下，除美国由于土地资源丰富，收入房价比约为30倍，高于德国外，英国、日本、法国收入房价比在10~15倍，要略低于德国。

表10 五国房地产业占GDP的比重

单位：%

年份	德国	美国	日本	英国	法国
1995	10.9	11.2	10.1	7.5	13.0
2000	11.0	10.8	10.7	8.5	12.6
2005	11.3	11.5	10.7	8.7	12.6
2010	11.6	11.9	11.8	10.4	12.8
2014	11.1	11.9	11.7	11.5	12.8

数据来源：IMF、各国统计部门，由中国民生银行研究院整理。

（四）社会保障制度与财政可持续性保持良好的平衡

1. 德国是典型的社会福利国家

2014年德国社会保障支出占财政总支出的54.1%，是五个主要发达国家中比重最高的，同时，社会保障支出占GDP的比重达到23.8%，仅次于法国，列第二位。良好的财富再分配机制与社会保障体制使德国社会贫富差距相对较小，2010年德国的基尼系数在0.31左右，也是五个主要发达国家中最低的。

表11 五国社会保障支出占比与基尼系数

单位：%

指标	德国	美国	日本	英国	法国
社会保障支出占财政总支出的比重	54.1	47.4	40.6	33.1	45.8
社会保障支出占GDP的比重	23.8	10.8	7.8	14.4	26.1

（续表）

指标	德国	美国	日本	英国	法国
基尼系数	31	41	32	38	32

注：除基尼系数外，其他数据时间为2014年，基尼系数时间为2010年。
数据来源：世界银行、IMF、欧洲统计局、各国统计部门。

2. 社会保障制度与财政可持续性保持良好的平衡

尽管社会保障支出较高，但德国坚实的实体经济基础保障了良好的财政收入。2014年的德国财政盈余占GDP的比重为0.54%，连续三年保持财政盈余，并推动近年来政府债务率出现下降，这在五个主要发达国家中独树一帜。2014年德国政府债务余额占GDP的比重由2010年的80.5%下降至74.7%，是债务率最低的发达国家。

表12　五国政府财政盈余/赤字占GDP的比重

单位：%

年份	德国	美国	日本	英国	法国
2000			−3.71	1.60	−1.60
2005	−3.58	−2.79	−3.85	−3.40	−2.11
2010	−4.22	−9.72	−8.05	−8.00	−5.94
2014	0.54	−3.68	6.66	4.58	−3.63

数据来源：IMF，由中国民生银行研究院整理。

表13　五国政府债务余额占GDP的比重

单位：%

年份	德国	美国	日本	英国	法国
1995	54.9	64.9	66.1	48.3	55.8

（续表）

年份	德国	美国	日本	英国	法国
2000	59.0	55.5	102.4	39.1	58.7
2005	67.1	61.3	161.4	41.6	67.2
2010	80.5	91.4	190.4	76.4	81.7
2014	74.7	103.2	211.2	89.4	95.0

数据来源：IMF、欧洲统计局、各国统计部门，由中国民生银行研究院整理。

二、德国经济金融发展的五大支撑因素

德国之所以能有上述优异表现，同以下一些因素密不可分。

（一）社会市场经济模式

社会目标与经济目标并重。在主要发达国家中，德国的发展模式独树一帜。作为德国模式赖以持续发展的基石，社会市场经济的要义在于不仅追求市场经济的高效率、高利润以及自由平等竞争的市场环境，而且奉行均衡分配利益的社会公平和有限但必要的政府宏观调控。也就是说，这一模式将社会进步、公平正义等社会政策目标的重要性提高到与充分竞争、繁荣增长等经济政策目标相同的高度。政府的角色权重介于自由竞争市场经济与计划经济之间，只能按照有限干预的原则进行调控。

稳健的公共财政体制。为了确保财政运行稳健，德国甚至将预算收支平衡写进了宪法。在财政收入方面，德国的直接税与间接税并重，两者占税收收入的比重大致分别为40%与60%。值得一提的是，其能源税与资源税的占比较高，大约为10%。对能源消耗课以重税，较好地促进了德国的经济转型和绿

色发展。在财政支出方面，德国非常注重转移支付来保持各地方财政支出的平衡。其转移支付可以分为纵向和横向两类。前者是指联邦政府拿出一部分税收，在各州之间进行分配，后者则是直接在各州之间进行调拨，不经过联邦政府。

公私经济协调发展。在第二次世界大战后初期的国有化浪潮中，德国逆向而行，按照财政平衡、适当干预的思路，对大量国有企业全部或部分私有化，确保其拥有自主决策权和经营权。与此同时，德国还有选择地保留一部分公有制企业，以服务国家经济政策或提供公共服务和产品。例如，水、电、煤等公共领域企业归地方政府所有，确保水、电、煤的低价供应；在落后地区投资建立公有企业，推动落后地区经济发展，缩小区域经济差异；投资建设科技型公共企业，带动私有制企业开展研发工作，持续提高国内研发能力和科技水平。

（二）制造业强国战略

近期德国提出的“工业4.0”战略风靡全球，对制造业的重视和扶持也是德国一以贯之的强国之基。

以科技创新为支撑。持续的技术创新是德国制造业长盛不衰的根源。据统计，在德国制造业营业额中，27%以上来自产品创新，德国的研发投入占GDP的比重始终保持在3%左右，在发达国家中仅次于日本。20世纪90年代之前，德国创新政策是扶持国家性的研究中心，进行重大项目科研攻关。20世纪90年代以后，德国创新政策体现在创新聚集带上。各类型企业、大学以及研究机构组成开放性的创新网络，并根据各自的优势在链条上的不同阶段工作，可以选择与研究院所共同完成研究任务，也可以选择外包，将研发任务交给研究院所。这种创新模式更适合互联网时代的需求。

以中小企业为中坚。德国中小企业数量占到德国企业总数的90%以上，相当一部分都是历史悠久的家族企业，通过在某些细分领域的持续深耕，具备很强的市场竞争力，成为推动德国出口乃至经济持续发展的重要力量。德国政府也非常重视中小企业发展，1984年开始实行对中小企业的特别优惠条款，1986年开始税制改革，对大部分中小手工业企业免征营业税；固定资产折旧率从10%提高到20%。与此同时，德国按《中小企业研究与技术政策总方案》设立专项基金，对中小企业的技术开发提供资助。

以双元制职业教育为保障。这是德国特有的一种学生培养模式，即高校与企业或社会组织共同承担培养学生的责任，理论学习在高校，实践培训在企业。学员在职业教育期间所学内容与企业需求实现无缝对接，不仅积累了足够的专业理论知识，而且积累了大量实践经验和操作技能，提高了学习的针对性和实用性，培训结束后即能投入工作。据统计，60%的德国年轻人在双元制职业教育体系中接受培训，确保了德国制造业的人才供应。

（三）审慎的金融体系

德国的金融业是伴随国家工业化进程逐渐发展起来的。以扶持制造业发展为中心，德国逐渐形成了持续稳健的货币政策、以全能银行为主的银行体系以及以严格有序的金融监管为特征的金融模式。

持续稳健的货币政策。在欧洲各国中，德意志联邦银行是独立性最强的中央银行。它根据《德意志联邦银行法》制定货币政策，进行货币流通调节和资金融通以及国内外银行业务清算，特别是在稳定物价方面具有重要的职能和作用。联邦银行以2%作为通胀警戒线，始终对物价波动保持足够的警惕，20世纪80年代甚至不惜以货币升值来维持物价稳定，这同日本的做法形成了一个经典的反例。在本轮金融危机中，德意志联邦银行也坚决反对QE政策，但鉴于欧猪五国的经济状况太过糟糕而被迫妥协。

全能银行制度。德国商业银行实行全能银行制度，既可以经营商业银行业务，还可以经营证券、保险等其他金融业务以及新兴金融业务，甚至可以持有非金融企业的股权。由于银行与企业联系紧密，企业通常不愿公开内部的情况，因而更多的是通过向银行申请贷款方式筹集资金而不是发行股票，这也使德国形成了以间接融资为主的融资模式。

严格有序的金融监管。2001年德国取消了对储蓄银行的政府担保，减少了银行过分追求风险的行为。政府对银行的准入也比较谨慎，导致银行的集中度比较高，从而避免了银行业的过度竞争与信用的过度扩张。对于银行不良资产的拨备率，政府的要求同样非常高，由此保证了银行对风险的控制。由于德国对银行业种种的约束和监管，德国银行长期以来平均的回报率相对较低，这使得资源能够更多地投向实体经济，而不是过分涌向金融业，从而也保证了金融体系的稳定。

（四）稳健的房地产市场

德国政府把满足公众住房需求作为房地产市场发展的根本目标，通过法律、行政与经济手段相结合的方式调节市场供求，抑制资产泡沫，德国房价基本保持稳定，没有出现过大起大落的现象。德国房地产管理主要有三个方面的做法。

抑制投机。德国政府规定必须要有比较高的首付比例，房屋贷款不能高于住房价值的60%。对于低收入家庭，不仅不鼓励他们购买住房，相反要求更高的首付比例。德国政府明确禁止房地产涨价以后业主用涨价部分作抵押去银行借款，即不容许资产增值抵押，抵押贷款利息不得从税基中扣除。此外，为了鼓励自有自用住房和抑制房地产交易，德国对自有自用住宅免征房产税，对出售住房征收1%~1.5%的房产土地税、3.5%的房产交易税和15%的资本利得税，通过征收高额的税收，压低炒房者的利润空间，抑制投机行为。

鼓励租房。德国政府每年补贴中低收入阶层，鼓励他们租房。租房补贴约占GDP 的1.2%，住房补贴的90%流向租房者。德国有明确的法律来规范租房市场，保证承租人和房东的合法权益。德国政府会编制详尽的房租合理价格表，房租超过合理价的20%就属于非法，超过合理价的50%就属于犯罪。德国租赁住房率达到57%，特别是年轻人中77%都是“租房族”，而住房自有率仅为43%，德国是欧洲住房自有率最低的国家。

提供保障房。政府根据居民新增的购房需求确定每年住房供应总量。同时，考虑居民的收入差距，对高、中、低档房屋的构成作出明确规定，并对社会福利住房提供专门的规划用地，市场差价由政府向开发商提供补贴，并推行“社会住房”等资助政策保障低收入家庭的住房供给。此外，德国政府还实施“住房金”制度，通过向低收入家庭提供补贴，帮助这部分人群获得合适的住房。

（五）完善的社会保障制度

德国的社会保障制度是一种以兼顾经济效率为原则，以促进社会公平、维护社会稳定安全为基本目标的“选择性保障制度”。其目的并不在于调节高收入者与低收入者的收入比例，而在于为失业者和社会弱势群体提供基本生活保障。

德国社会保障体系的构成主要包括社会保险、社会补贴和社会救助三部分。其中，社会保险是核心，包括养老保险、医疗保险、生育保障、就业促进、工伤事故保险等，主要用来保障工薪阶层和其他有收入的人群。社会补贴包括家庭负担补贴和住房补贴等，主要用来保障低收入者。社会救助主要包括特殊生活阶段救济和生活费救济等，主要用来保障残疾人等弱势群体的基本生活。

社会保障体系的两大原则：一是重视经济效率。德国在设计社会保障政策措施的过程中特别注意其对经济效率的影响，将再分配控制在一定的范围内，避免其削弱人们的劳动意愿和进取精神，防止其影响市场机制发挥作用、降低经济效率。二是避免泛福利化。德国根据经济发展水平和财政能力提供适度的社会保障，这样既促进了社会公平，发挥了保障社会稳定的作用，同时又严格控制成本，避免政府财政背上过重的包袱。在保障资金的筹集上，主要由社会保障的受益者以及企业来承担，政府财政补贴只承担第二位的责任。

及时推进改革。自20世纪90年代以来，德国的社会保障体系出现了一些问题，包括失业率居高不下、赤字不断累积以及企业竞争力下降等。施罗德政府及时推出了名为“哈茨计划”的福利改革。按照“哈茨计划”，约27%的失业者将不再享有失业救济，48%的失业者的福利被削减。尽管这一改革遭到了德国民众的强烈反对，施罗德的支持率也大幅下降，但这些举措增强了德国企业的竞争力，从长远来看为德国经济注入了强心剂。可以说，施罗德时期的福利改革措施为2008年全球金融危机后德国率先复苏奠定了重要基础。

三、德国经济金融发展模式对我国的启示及借鉴

相比于其他发达国家，中国和德国之间的共性要更多一些。在社会价值理念层面，中国和德国都崇尚社会秩序，有更为接近的法律框架以及强烈的改革意愿。在经济模式层面，两者都注重宏观调控与市场竞争的结合，都有比较发达的制造业以及以间接融资为主的金融体制。因此，中国的“十三五”规划及中长期发展都可以从德国的经济金融发展模式获得更多的启示与借鉴。

（一）公平和效率并重，形成政府调控与市场竞争良性互动

社会市场经济模式是德国经济金融实现稳健快速发展的保障。借鉴社会市场经济模式：一是进一步从广度和深度上完善市场经济体制。推动资源配置依据市场规则、市场价格、市场竞争实现效益最大化和效率最优化。消除因行业和地方保护主义造成的产品和服务进出障碍以及对非公有企业的差别待遇，提倡跨地区、跨行业、跨部门的公平竞争。二是政府应以有限干预为原则。政府职责应体现在加强和优化公共服务、保障公平竞争、加强市场监管、维护市场秩序和弥补市场失灵等方面，绝对不能成为“闲不住的手”。三是进一步完善财税体制。特别是要逐步增加能源税、资源税，并调整转移支付的方式，体现以人为本、按需分配，而不是从上至下按项目分配。

（二）以科技创新、扶持中小企业和教育改革为抓手，夯实实体经济基础

不断创新的制造业是德国实体经济的基石。借鉴德国模式：一是实施创新驱动战略。可通过创新集群效应来引领科技创新和新兴产业发展，形成企业、大学、研究机构以及融资和咨询机构共同构成的开放式创新集群，构建

研发合作网络，形成分工有序、相互协作的创新发展格局。二是继续扶持中小企业。确保中小企业在融资、贸易和税收等方面的平等机会，充分保护中小企业的利益，使其形成稳定和长期的预期。三是发展职业教育领域。引导教育理念和社会文化的转变，确立多元化的培养目标。积极探索产学合作方式，鼓励企业对学校进行投资、捐赠，并予以减免和抵扣税收的奖励，加强学校和企业的良性互动与共同发展。

（三）平衡直接融资与间接融资比重，加强对金融体系的审慎监管

德国审慎的金融体系保证了实体经济的融资需求，同时也避免了风险累积。借鉴德国金融模式：一是注重直接融资和间接融资的平衡发展。我国可适度提高直接融资在社会融资中的占比，但同时要防止资本市场大幅波动对产业资本的冲击。二是对混业经营加强监管。一方面，持续对金融创新保持积极审慎的态度，坚持鼓励与规范并重，并做好预防性监管；另一方面，构建和完善高效的监管体系，加强对创新型、跨业务、跨市场等金融机构和市场活动的监督与管理，避免监管真空或监管重叠。三是适度提高人民银行的独立性，使人民银行可致力于维护物价稳定和经济增长，进一步提高政策的透明度和可信度。

（四）建立多元化的保障房体系，培育并规范租赁市场

德国房地产市场是一个严格受到政府管制和干预的市场，但其效率不可谓不高。借鉴德国的房地产模式：一是科学规划和调控房地产市场。逐渐强化房地产行业的民生产业的定位，减少地方政府对土地财政的依赖，并通过法律、行政和经济手段对房地产市场供给进行调节，抑制炒房投机行为，避

免泡沫膨胀。二是建立多元化的社会保障住房供应体系。我国可尝试建立多元化开发、多渠道补贴和多形式供给的保障性住房体系，对保障性住房采取开发商建房、单位集资建房和部门委托代建的多元开发形式，拓宽对保障性住房的多项补贴渠道，并实行高、中、低档不同定位的多种供给形式。三是培育并规范房屋租赁市场。政府不仅要努力建设由公租房和廉租房组成的政策性租房体系，还需从税收等方面对社会化租房市场加以扶持和鼓励，规范租房市场秩序和保障房屋租赁的合理价格。

（五）提高社会保障支出占比，促进社会公平与稳定

德国的社会保障制度与财政可持续性实现了良好的平衡，并且能够产生足够的激励。借鉴德国社会保障模式，需在“十三五”期间适度提高社会保障支出占总支出的比重，并注重两个平衡。一是社会保障与经济效率的平衡。政府需将收入再分配控制在合理范围内，以促进社会公平和维护社会稳定为目的，避免降低社会经济效率。二是社会保障与财政能力的平衡。社会保障制度应严格控制成本，一方面避免对个人和企业纳税者造成沉重负担，另一方面防止泛福利化的社会保障制度使政府财政陷入恶性循环。

2016

MINYIN ZHIKU YANJIU

1

民银智库研究

总第1期

金 融 篇

我国金融业发展综合经营的必然趋势和影响分析

▶ 应习文

20世纪90年代以来，随着经济全球化的发展，金融自由化不断推进，金融业的综合经营已经成为一种全球趋势。金融业的综合经营又称为混业经营，混业经营强调的是业务交叉混合的概念，而综合经营则在此基础上，体现了“以综合业务发挥协同优势”的特点。这里我们将采用综合经营的概念，分析当前我国金融业发展综合经营的必要性，在回顾国内外金融业综合经营发展和主要模式的基础上，分析我国可选择的发展模式及其产生的影响，并提出对策建议。

一、我国金融业适当加快发展综合经营有积极意义及现实必要性

（一）有助于服务实体经济转型发展

近年来，随着我国经济增长的各项要素红利逐步减少，我国经济面临中长期潜在增速不断下降的压力。实现经济转型、跨越“中等收入陷阱”成为当前最重要的改革目标，对此，金融业在服务实体经济转型发展上任务艰巨。然而，当前我国的融资模式仍以银行业的信贷融资为主，且中大型银行占比较大，这种融资模式具有风险偏好低、抵质押要求高、与中小企业存在严重信息不对称等特点，对服务民间企业、中小微企业、创新型科技型企业的发展存在先天不足，难以满足当前经济结构转型的需要。发展银行业综合经营，有助于改变银行缺乏创新手段服务实体经济的局面，可以打通信贷市场与资本市场的分割界限，促进间接融资与直接融资协同发展，创新债务融资与股权融资相结合的融资工具，最终为不同性质的企业提供多样的融资服务，并通过资产证券化提升融资工具的流动性和市场化风险定价能力，从根本上提升金融配置资源的效率，促进实体经济转型发展。

（二）有利于我国金融企业适应全球金融业的发展趋势，在“走出去”过程中全面提升竞争力

2006年末，我国加入WTO的过渡期结束，金融业正式全面对外开放，大

型跨国金融机构相继进入我国市场，直接与我国金融机构展开激烈竞争，对我国开展分业经营的银行、证券公司、保险公司等金融机构造成巨大冲击。随着我国金融市场与全球金融市场的联系日益密切，我国金融机构与国外大型金融机构之间不再局限于单一业务的竞争，而是突出表现在以综合服务能力为基础的集团竞争。在全球金融业综合经营的大趋势下，我国只能顺势而为，积极探索符合我国国情的综合经营模式，加快推动我国金融业转型升级，不断提高我国金融业的综合实力和国际竞争力。

（三）有助于适应利率市场化，满足居民的综合需求

从各国金融业发展综合经营的历程来看，利率市场化过程中的利率中枢提升成为倒逼各国金融业加快创新以寻求新的利润来源的重要动力。近年来，我国金融业利率市场化进程不断加快，存贷款利率已完全放开。利率市场化伴随着我国居民收入水平的不断提高和对储蓄产品需求多样性的不断增加，银行之间揽储大战屡屡升级，存贷利差出现下降趋势。这种情况必然倒逼金融业加大创新力度，从负债端的单一价格竞争转向综合服务能力的竞争，努力为客户提供存款、理财、结算甚至保险、基金、债券、股票等全程金融服务，以满足不同职业、不同阶层居民的多元化和多层次投资需求，为居民提供“一站式”全程金融服务。

（四）有助于缓解实体经济融资难、融资贵问题

近年来，企业融资难、融资贵问题突出，严重制约了我国经济社会健康持续发展。随着多层次资本市场的不断完善，利率市场化进程加快，越来越多的资金通过非传统银行贷款渠道流向实体经济。为了适应直接融资的快速

发展，商业银行的业务拓展空间日益从表内转向表外，致使影子银行迅速兴起，贷款替代性金融产品不断发展壮大。然而，信贷资金从储户到资金需求方企业，中间经过信托公司、证券公司、基金公司等一系列中介金融服务机构，导致大量通道业务滋生，资金传导到实体经济的链条环节过长，社会融资成本居高不下。综合经营一方面可以缩短资金传导链条，降低社会融资成本，另一方面可以促进银行、证券、保险等业务的相互融合，推动金融服务和金融产品创新，找准靶心，精准发力，更好地满足不同企业的需求。

（五）有利于促进金融与互联网的结合

近年来，我国互联网金融风生水起，对传统金融业既带来了机遇，又提出了全新挑战。金融业的综合经营与互联网金融的发展相辅相成。一方面，综合经营对互联网技术提出了更新、更高的要求，从需求端推动互联网金融的技术发展；另一方面，移动互联网技术的发展显著降低了信息成本和交易成本，使原有无法开展的创新业务模式成为可能。从目前的格局来看，综合经营开展较为领先的金融机构在互联网金融的发展上也开始显现优势。

（六）有助于提升银行业抵御风险的能力

通过综合经营，金融机构能够获得稳定的资金来源和多元化的投资渠道，增强业务经营的稳定性、流动性和盈利性，有效降低非系统性风险。第一，金融机构可以通过多元化业务组合建立一种损益互补机制，有效分散各项业务的经营风险。例如，利率变动时贷款业务与固定收益业务的损益可形成对冲。第二，金融机构可以通过业务多元化运作扩大经营规模，拓宽融资渠道，提高资本充足率，从而提升金融机构的信用评级，增强金融资产的流动性。第三，综合经营使金融机构对风险的监测和管理更为全面和主动，如某个行业的突发风险可能首先在更敏感的股权市场造成波动，从而为金融机构在债权市场上提示风险。此外，综合经营也为金融机构提供了更加丰富的风险对冲和转移工具。

二、国外金融业综合经营的发展与主要模式

综合经营有广义与狭义之分。狭义上的综合经营主要是指银行机构与证券机构可以进入对方领域进行交叉经营；广义上则是指银行、保险公司、证券公司、信托公司等金融机构都可以进入上述任一业务领域甚至非金融领域，进行业务多元化经营。

发达国家金融业的综合经营主要经历了三个阶段：一是20世纪30年代之前的自然综合经营阶段。由于当时各国政府没有明文限制金融业的综合经营，大型金融机构通常拥有多个提供银行和非银行服务的子公司。二是20世纪30年代至20世纪末的现代分业阶段。1929年“大萧条”之后，各国纷纷对市场进行宏观调控和干预，一方面将金融业的几大子行业相互割裂开，另一方面采取利率管控措施。三是21世纪初以来的现代综合经营阶段。随着20世纪70年代以来利率市场化进程加速，形成金融脱媒，银行传统业务受到冲击，纷纷走上综合经营之路，而受到金融自由化浪潮和金融创新的推动，各国也顺势放松了管制。目前，除了以德国、瑞士、奥地利为代表的欧洲大陆国家从第二次世界大战后至今一直实行混业经营制度外，英国、美国、日本等国均经历了从自然混业到分业经营再到当前综合经营的三个阶段。根据股权架构不同，综合经营的模式可以分为金融控股公司模式、银行母子公司模

式和全能银行模式三种。

（一）以美国为代表的金融控股公司模式

金融控股公司模式的核心特点是母公司多为纯粹控股公司或者实体企业，并不从事银行、证券或者保险等具体的金融业务，而银行、证券公司、保险公司作为子公司彼此平级。

美国是金融控股公司模式的典型代表。在20世纪30年代之前，美国的金融业主要是自然形成的混业经营模式。30年代大萧条之后，美国政府加强了对金融市场的干预。罗斯福政府先后通过多部法案，主要涉及利率管制、各类金融机构分业经营等方面，其中1933年颁布的《格拉斯—斯蒂格尔法案》强行断开了银行、保险和证券市场的联系。然而，20世纪70年代，美国经历了严重的滞胀，里根政府认为问题的根源主要是政府过多干涉市场。因此，当局接连推出一系列政策，旨在减少对市场的干预。表现在金融市场，首先就是美国的直接融资市场发展迅速。而银行业又由于利率管制，无法吸纳更多存款，传统盈利空间急剧压缩，出现经营危机，银行业不得不想方设法进军证券行业。这一阶段，银行只有采取控股公司的形式才能巧妙地规避政策，实现跨领域扩张。直到1999年《金融服务现代化法案》的颁布顺应了时代需求，正式确立了金融控股公司的合法地位，将证券公司、保险公司和银行之间的相互渗透合法化。

从监管模式来看，美国混业监管和分业监管相结合的双层监管模式也为混业经营提供了支持。由联邦储备体系（FRS）作为混业监管的上级机构，对金融控股公司实行监管；货币监理署（OCC）、证券交易委员会（SEC）和州保险厅则继续对银行、证券公司和保险公司予以专业化监管；FRS必须与各分业监管机构共享信息，通过加强混业监管与分业监管之间的联系，保持金融控股公司集团内的健全性。

（二）以英国为代表的银行母子公司模式

银行母子公司模式以银行作为母公司，下设证券公司、保险公司等子公司，进而涉足多个金融领域。与金融控股公司模式相比，银行在集团中地位更高，集团的经营战略可能会偏向银行业务。

英国是银行母子公司模式的典型代表。在20世纪60年代之前，英国各类金融机构是分业经营模式，且30年代大萧条以来为保障银行的利益，英国银行业一直存在以银行间利率协议为主要形式的利率管制。然而到了60年代末，英国通胀加剧，货币当局对利率的控制水平急剧下降，再加上国外银行业进入英国金融市场，利率管制大幅削弱银行业的竞争力，英国银行业面临夹缝求生的窘境。为了涉足传统银行业务以外的领域，同时又保证风险隔离的要求，英国银行业选择另立子公司从事证券、保险等业务，让它们独立运作，由银行控股。这种模式保留了银行的规模信息优势，同时又在一定程度上规避风险传导，实行“公司分离”，设立防火墙，以银行母子公司为典型综合经营的模式在英国建立。

英国在1997年以后实行统一监管。1997年，英国金融服务监管局（FSA）成立，它是英国整个金融业唯一的监管局，拥有指定金融法规等一系列职能。它由金融监管专门机构和授权与执行机构组成。

（三）以德国为代表的全能银行模式

全能银行模式是最为彻底的混业模式，允许同一家金融机构以内设事业部的形式经营全部或多项（至少应包括银行和证券）金融业务。这种模式中虽然银行、证券、保险以平级事业部的形式并存，但实际上银行业务仍是核心。而且由于证券、保险仅仅作为事业部，因而更易受到银行的影响。

德国是全能银行模式的典型代表。与大多数国家不同的是，德国的混业制度从未间断，金融业内部重组和金融业务大量创新使得银行业、证券投资和保险业之间的界限更加模糊。其原因主要有以下几个方面：一是商业银行实现“全能化”，各种业务的风险容易相互抵消，对环境变化的抵抗能力较强，同时也能够实现不同业务的信息资源共享，享受规模经济优势；二是德国的证券市场相对落后，加之德国会计规则不利于证券市场的个人投资者，致使许多德国人不愿涉足证券市场；三是银行和工商企业的关系非常密切。从根源上来看，德国全能银行模式的开展是工业化发展的需求。19世纪50年代，由于德国的资本主义发展较晚，为了快速为工业化融资，实现商业银行为工商企业融资，德国加大了产融结合的力度。法律上，德国给予了银行特殊的支持，19世纪初，德国不仅没有反垄断法，银行董事在企业兼职的现象也不被禁止，银行被当作经济振兴的希望。

当前德国的监管采取统一监管体系。2002年以后，德国将原来的银监局、证监局和保监局合并为金融监管局，对德国金融业进行统一监管。金融监管局下设许多职能机构，以适应德国金融机构的业务和功能，包括理事会、咨询委员会，以及三个接替原来银监局、证监局和保监局职能的委员会，另外又设立了三个特别委员会负责整个金融市场的监管。该机构具有法人资格，直接对财政部负责。

三、我国当前金融业综合经营的现状

（一）中国金融业经营体制变迁的过程

中国金融业经营体制的变迁经历了“银行独大→强制混业→回归分业→综合经营探索”的演进历程。前三个阶段体现了国家运用社会金融资源支持经济发展的结果。最后一个阶段则是在市场经济环境中受需求与供给的均衡作用形成对混业经营的探索，国家意志遵从市场需求，在宏观层面发挥引导作用。

1. 强制混业阶段：监管缺失，金融抑制

20世纪80年代前期，新成立的金融机构基本都遵循混业经营的发展思路。当时混业经营带有极强的国有垄断性金融机构的个体意志，其本质是为了规避外部的业务规模管制和利率管制，不仅不能实现金融深化，反而造成了金融秩序的混乱。第一，信贷规模难以控制。由于信托公司大多由银行控制，大量信贷资金通过信托渠道游离于常规信贷体系之外，国家进行信贷规模控制的难度加大。第二，资金挪用问题严重。大量信贷资金和同业拆借资金通过银行控制的证券公司、信托公司等渠道，集中投放到证券市场、房地产市场等领域，造成资产价格大幅上涨。1992年下半年至1993年上半年，我国社会集资和银行拆出资金总额高达近2000亿元，1994年通胀率最高达到27.3%。第三，非银行金融机构的经营能力较弱。信托公司的资产质量普遍较差，部分公司出现严重亏损，一些公司被迫进行财务重组甚至破产倒闭，引发了区域性或系统性金融风险。

2. 回归分业阶段：监管趋严，秩序稳定

从20世纪80年代中后期起，我国银行和证券公司陆续设立证券兼营机构，从事证券发行、代理买卖和自营业务。由于监管能力不足，内在风险不断积聚。在此背景下，1993年12月25日国务院颁布《国务院关于金融体制改革的决定》对“分业经营”作出了明确的规定，“对保险业、证券业、信托业和银行业实行分业经营”，金融秩序得以稳定。

3. 综合经营探索阶段：供需决定，政策助力

经历了国家强制规定的分业经营之后，1999年以来我国银行业、证券业、保险业分别试水各自边缘业务。2002年，国务院批准平安集团、中信集团、光大集团为三家金融控股集团试点，开创了以金融控股集团模式进行金融业综合经营转型试点的先河。在2005年召开的第一届“中国金融改革高层论坛”上，参会者达成共识，将“混业经营”改称“综合经营”。目前，我国采用的是“循序渐进式”的综合经营模式探索，即金融机构间合作先行，综合经营探索式发展，待时机成熟时放开政策。

（二）中国现有的综合经营模式

1. 金融控股公司模式

2014年修订的《证券法》第六条规定：“证券业和银行业、信托业、保险业实行分业经营、分业管理，证券公司与银行、信托、保险业务机构分别设立。国家另有规定的除外。”这一规定并未对金融机构母公司的经营范围进行限制，在这一情形下，金融控股公司成为法律允许的范围内实现金融机构间规模优势的绝佳选择。目前我国的多元化金融集团已经粗具规模。

中信集团是中国第一家国有独资金融控股公司。其实现综合经营的路径是由“分业经营、分业监管”向“法人分业、综合经营”的模式过渡。中国国际信托投资有限公司创立于1979年，1986年公司注资香港嘉华银行进军

金融业，1987年中信实业银行成立，1995年中信证券成立，1999年中信长盛基金管理公司成立，2000年中信集团与英国保诚合资成立信诚人寿。2001年10月母公司更名为中国中信集团公司，不再作为金融机构，而是单独行使管理职能。2002年12月5日中信控股成立，将中信银行、证券等金融资产打包管理。中信控股为中信集团的全资子公司，本身不经营业务，只对其下属子公司行使管理职能，通过投资和接受中信集团公司委托，全面管理银行、证券、保险、信托、租赁、基金等金融企业，统一配置和有效利用资源。2014年中信泰富通过反向收购中信股份，实现集团资产整体上市。中信银行、中信证券、中信信托等金融资产打包在中信股份之内，金融机构间利益共享而风险隔离。

与中信集团类似的金融控股公司模式还有光大集团和中国平安。光大集团在获得综合金融控股集团试点时，旗下原有的光大信托因巨额亏损导致资不抵债，被中国人民银行撤销营业许可。至2014年7月，光大集团成功收购甘肃信托51%的股权，甘肃信托更名为“光大兴陇信托”，光大集团正式集齐7个金融牌照。中国平安是三家试点的金融控股集团中混业程度最高的一家。集团内部金融机构之间通过业务融合，打造了“子公司分业，集团混业”的格局。

2. 银行母子公司模式

银行母子公司模式在我国的发展主要形成了两种探索路径，一是以国家开发银行为代表的开发性金融实现综合经营的路径，二是以商业银行为代表的绕道海外控股实现综合经营的路径。

2007年以来，国家开发银行加快深化改革转型，2009年挂牌成立国开金融，随后收购航空证券并更名为国开证券，形成了母子公司“一拖二”的组织架构。此外，国家开发银行于2008年通过注资入股，搭建了租赁业务平台——国银租赁。这样，国家开发银行以投资、投行、金融租赁等金融新手段为支点，形成了“投、贷、债、租、证”综合经营、协同发展的业务格局。

与国家开发银行相比，商业银行母子公司的经营模式在我国受到诸多法律限制。根据《商业银行法》第四十三条的规定，“商业银行在中华人民共和国境内不得从事信托投资和证券经营业务，不得向非自用不动产投资或者向非银行金融机构和企业投资，但国家另有规定的除外。”其中“另有规定”的特批原则为商业银行拓展业务留下空间，而“中华人民共和国境内”则表明对商业银行海外投资不作限制。对此，银行多采用海外控股和信托控股的方式控股证券公司，实现多牌照混业。工商银行和中国银行采取海外投资的方式，获得全牌照证券子公司，兴业银行则通过信托子公司实现对证券公司的控制权。

3. 工商企业集团组建的金融控股公司

与金融控股公司的形式类似，工商企业集团控股金融机构实现多牌照经营的模式有效地规避了法律对金融机构投资的限制。工商企业集团内部控股金融机构，有利于金融机构与集团内部企业形成协同效应。当前我国工商企业集团实现多牌照经营模式的主要有五矿集团、国家电网、中航工业集团、中国石油、华能集团、方正集团、招商局集团、安邦集团、复兴集团等。

四、我国金融业发展综合经营的模式选择

从全球主要国家实现金融业综合经营的路径来看，不同模式的区别表面

上体现在股权架构的差异，具体表现为银行、证券、保险等金融业务相互渗透的程度，以及风险隔离的程度等。但从深层次来看，银行的实力和地位在一定程度上决定了综合经营模式的选择。从金融控股公司、银行母子公司到全能银行，银行对集团中其他金融业务的影响力越来越大。银行实力越强，越有可能采用银行母子公司甚至全能银行模式。反观我国现存的金融控股集团，大多不是以银行起家，银行在集团中不占主导地位。总之，银行的实力和地位在一定程度上决定了我国未来金融业综合经营的模式选择。

鉴于我国银行业、证券业、保险业的发展水平，最可能出现金融控股公司和银行母子公司两种模式同时存在、同时发展的局面，并发挥各自的优势，适应于不同类型金融机构推进综合经营。而全能银行模式，则不宜再次引入。

（一）母子公司模式比较适合于大型银行

目前，工商银行、农业银行、中国银行、建设银行四大行以及民生银行等大型股份制商业银行都已通过子公司的形式获得两种以上金融牌照，银行母子公司的模式已现雏形。从公司治理层面来看，银行相比非银行金融企业，无论是在资产规模、利润规模，还是在渠道数量、社会融资占比方面，都具有显著优势，所以其在集团中必将拥有决定性话语权。

银行母子公司模式有利于实现银行与券商的协同效应。在中国，银行的优势在于网点渠道和客户资源，券商的优势则在于一级承销和二级资产管理。银行控股券商有利于改善利率市场化背景下利润收缩的局面。券商则可以凭借银行的渠道优势和庞大的客户资源，发展自身优势业务。

从宏观层面来看，银行母子公司模式的打造有利于改善整个社会的资本结构，转银行与券商之间的竞争为协同，企业融资渠道将更加灵活，权益融资的需求将得到满足。此举有利于改善整个社会的融资结构，降低企业融资成本。

（二）金融控股集团模式比较适合于中小银行及保险公司、工商企业

当前金融控股公司在我国已占据一席之地，法律放开对市场的冲击不大，未来更多中小银行将加入金融控股集团模式。除了国家特批的中信集团、光大集团和中国平安三家有明确地位的金融控股集团之外，我国的“准金融控股集团”已经粗具规模。尤其近年来诸多工商企业为实现企业内部协同，纷纷持股金融机构，打造工商企业旗下的金融集团。招商局集团、五矿集团、国家电网、中航工业集团、中国石油、华能集团、中粮、宝钢等大型国有工商企业，长城资产、华融资产、中国信达等资产管理类机构，以及万向系、复星系、明天系、美的、雅戈尔等民营企业均已持股多牌照金融机构，形成金融控股公司的雏形。

与美国一样，中国的金融控股公司的出现是为了规避法律的限制（以花旗集团为代表）。虽然我国特批的金融控股公司只有三家，但是本质上实现金融控股公司经营模式的集团有数十家。因此，金融控股公司模式的放开只是名义大于实质。

（三）全能银行模式很可能导致监管缺位和资源垄断，不宜再次引入

第一，全能银行模式下风险骤升，不符合金融综合经营改革循序渐进的原则。全能银行模式下，各金融业务之间的“防火墙”被完全拆除，各金融部门之间的财务风险和关联交易难以得到较好控制。从银行自身角度来看，

由于多年来实行分业经营，其内控技术、人才储备、自律意识都远远无法应对全能银行模式下的风险；从监管当局的角度来看，对比德国的双层监管模式，我国目前“一行三会”的分业监管模式也无法满足全新的监管要求，银行主导下的全能银行模式无疑会令中国证监会和中国保监会地位尴尬。

第二，证券业市场竞争充分，银行自营券商不利于产业整合。截至2014年末，我国已有证券公司120家，且行业集中度远低于银行业和保险业。这种情况下，银行以收购小券商的方式进军证券业，不仅可以节约扩张成本，还可以实现产业整合，有利于证券业的长远健康发展。

第三，不符合我国做大直接融资市场的战略。参照美国、德国各自直接融资与间接融资的对比，可以发现全能银行模式下银行地位过高，会在一定程度上对证券业务形成影响，不利于我国当前做大做强资本市场战略的实现。

五、我国银行业发展综合经营的影响分析

综合经营是一把“双刃剑”，在提高金融业核心竞争力的同时，也会导致一系列负面影响。

（一）现有的法律法规及监管体系不能适应综合经营的要求

我国现有的法律法规是基于分业经营框架确立的，已难以适应金融业发展现状与未来趋势。尽管近年来我国金融业监管部门先后颁布了一系列政策措施，逐步为金融业综合经营创造了有利条件，但综合经营仍缺乏整体的法律环境，比如我国尚未出台《金融控股公司管理办法》，对金融控股公司的监管不明确，特别是对实业企业控股公司的大股东监管空缺。从现有监管

体系来看，我国金融业实行分业监管模式，中国证监会、中国银监会、中国保监会分别负责银行、证券、保险等行业监管，多元化监管主体之间缺乏充分的信息交流和沟通协调，对银行、证券、保险等行业的交叉业务存在监管漏洞。与此同时，中国银监会在各地的派驻机构较多，监管网络完善，而中国证监会、中国保监会的派驻机构相对较少，致使各监管主体力量配备不平衡，难以对混业经营金融机构实施综合监管。

（二）大部分金融机构现有的内部管理水平与综合经营的管控要求不适应

在综合经营过程中，由于金融机构从事多元化金融业务，各业务之间既相互联系又相互冲突，这对金融机构的内部管理水平提出了很高的要求。当不同业务出现矛盾时，金融控股公司为了实现集团利益最大化，需要进行综合权衡和利益取舍，甚至通过牺牲一个业务单元利益实现另一个业务单元利益，可能导致集团内各子公司之间的利益冲突。与此同时，金融控股公司各子公司处在不同的竞争环境中，需要保持各自独特的企业文化。其中，投资银行的企业文化是进取，突出表现为企业家精神、承担风险以及有激励的报酬体系；商业银行的企业文化是稳健，突出表现为稳定客户关系、有效防控风险，个人报酬与业绩关联较小。不同类型金融企业文化的差异给实际运营管理造成了一定难度。

（三）综合经营容易形成垄断，进而影响服务质量和市场公平

与分业经营相比，从事综合经营的金融机构规模庞大，几乎涉及金融业各个领域，随着经营规模的不断扩张和业务范围的不断拓展，将在一定程度上导致权力集中，形成金融寡头垄断，从而降低金融机构改善服务质量的动

力，损害市场公平。一方面，尽管从事综合经营的金融机构需要在各个领域全面提高服务质量和效率，但与专业化的经营机构相比，限于人力、物力、财力等方面约束，难以做到样样出色。另一方面，金融集团仰仗其强大的影响力和控制力，可能损害客户利益。例如，投资银行的主要功能之一是推销证券，而商业银行必须向客户提供公正咨询，如果商业银行与投资银行属于同一个集团，尽管存在更为有利的投资项目，但商业银行可能会通过推销关联投资银行承销的证券来实现集团利益最大化，从而损害客户利益。

（四）综合经营容易导致各金融业务间风险传染

一般来说，银行主要面临信用风险、流动性风险和操作风险，保险、证券等业务主要面临市场风险和操作风险。在分业经营模式下，不同金融业务严格分离，风险基本控制在本业务领域内；在综合经营模式下，金融机构经营业务涉及多个领域，当某一子公司出现经营困难或财务困难时，风险迅速传递和扩散，引发多米诺骨牌效应，多重财务杠杆风险不断累积，导致个别子公司的危机转化为整个集团的危机，从而改变了风险的范围和性质，甚至威胁整个金融系统安全。

（五）综合经营容易导致集团内部关联交易风险

在综合经营模式下，银行、证券、保险等子公司作为关联方，相互之间会发生大量的交易，使得正常市场交易转化为集团内部的关联交易，控股股东和管理者容易产生较高的道德风险。控股公司可能促使关联方作出损害其他金融主体利益的关联交易，以及诸如暗箱操作等损害中小股东及投资者利益的行为，违背市场公平原则，甚至导致系统性金融风险。

六、政策建议

（一）制定和完善与金融业综合经营相适应的法律法规体系

金融法律法规是金融业安全运行的重要保障，也是金融监管部门依法行政的基础。美国、英国、日本等国家为适应国际金融业综合经营的潮流，相继通过立法为本国金融控股公司的发展提供了法律基础。目前，我国对金融业综合经营的监管立法尚属空白，建议由全国人大法工委指导，由国务院法制办牵头，由“一行三会”及部分国有金融机构、民营金融机构的法律部门参与，研究借鉴国际经验，抓紧修改相关法律法规，同时尽快制定《金融控股公司法》，使我国金融控股公司的发展和监管有法可依、有据可查。

（二）抓紧研究起草与金融业综合经营相适应的监管体制改革的具体方案

近年来，我国金融业分业监管体系改革滞后于金融机构实践，无法从根本上满足金融业综合经营的本质要求，在一定程度上制约了金融业综合经营的持续发展和效率提升。对此，建议由中央机构编制委员会办公室牵头，研究在2018年政府换届时期推进金融业监管机构改革方案，制订与金融业综合经营相适应的监管体制改革具体方案。2018年改革以前，建议由中国人民银行、中国银监会、中国证监会、中国保监会建立金融监管联席会议制度，及时就一些重大问题进行沟通协商，加强金融监管协调与合作，制定统一的金融监管标准，联合建立金融监管公告制度、通报制度、督办制度、质询制度、金融机构整体测评制度等，扎实做好政策对接和信息共享，提高金融业监管的效率和有效性，共同防范金融风险，保障金融安全。

（三）督促各金融机构完善内部管理及风控制度

督促各类金融机构在开展综合经营业务时，构建“集团架构、母子公司式”的管理体制，实现对外综合、内部隔离的总分结合式管理体制。对监管部门而言，根据金融业务差异分别颁发不同牌照，设置风险管制防火墙，对各业务之间的投资、融资、合作等设定限制措施。对金融企业而言，设立金融控股公司内部的资金防火墙、业务防火墙、信息防火墙、人事防火墙、法人防火墙等自律防火墙，降低内部风险传导，防止不同金融业务之间的利益冲突。

（四）构建金融风险预警体系

目前，世界发达国家普遍建立了较为完善的金融风险预警机制。为了及时系统地评估与防范金融控股公司的各种风险，我国有必要积极借鉴发达国家的有益经验，从宏观和微观两个层次建立金融风险预警体系。在宏观层面，组建国家宏观金融风险预警系统，主要负责全国范围内金融控股公司的风险监测和预警以及国际金融风险走势监测；在微观层面，结合互联网金融与大数据技术，建立地区金融风险监测和预警系统，根据宏观层面的预警监管指令，加强本地区金融机构风险的早期预警，及时提供科学的预警信息，真正发挥金融监管机构未雨绸缪、防患于未然的作用。

（五）加强金融监管国际合作

近年来，随着我国金融业的快速发展，中信集团、光大集团、中国平安、安邦集团等控股公司迅速崛起，不仅拥有保险、银行、信托、证券等金融牌照，而且在国际金融市场具有重要影响力。随着我国金融市场与全球金融市场一体化进程的不断加快，金融市场风险将跨国界传递，势必影响其他国家甚至全球金融市场的稳定。为了抵御全球性金融风险，建议加强与国际金融组织、有关国家（地区）金融监管部门之间的交流与合作，共同维护金融市场的稳定与繁荣。

瑞士银行业发展模式的启示与借鉴

▶ 王一峰　霍天翔

瑞士位处中欧，北接德国，西邻法国，南接意大利，东临奥地利和列支敦士登，面积达4129.1平方公里，全境以高原和山地为主，有“欧洲屋脊”之称。瑞士是世界上最为富裕的国家之一，截至2014年末，瑞士GDP总值为6854亿美元，全国人口为823.55万人，人均GDP高达83229美元，收入居世界第四位。作为一个自然资源稀缺、矿产匮乏、工业原料主要依赖进口的中欧小国，瑞士凭借其健全的银行体系、先进的资产管理技术与繁荣的国际贸易成为了世界上最有影响力的经济体之一。

一、瑞士银行业500余年发展的历史沿革

瑞士银行业发展历经500余年，总结其发展经验与历史沿革，对指导我国银行业发展具有重要的借鉴意义。

瑞士银行业伴随约翰·加尔文在瑞士日内瓦进行的欧洲宗教改革兴起于16世纪，后在17世纪随着瑞士长矛兵[又称瑞士雇佣军（Swiss Mercenaries）]扩展至欧洲全境。18~19世纪，随着工业革命，瑞士银行业获得快速发展，同时期瑞士在经济和政治两个方面获得了世界信任，这为瑞士金融业未来长期

稳定发展提供了有力的保障。进入20世纪，瑞士的中立国地位有效保护了受战火迫害的欧洲人民的财产，这一时期以私人银行为特色的财富管理业务获得了空前发展。进入21世纪，瑞士银行业历经多次转型与战略调整后，最终主动选择放弃金融百货公司的发展定位，努力回归自身的核心业务，巩固并强化财富管理、私人银行等领域的比较优势。受战略定位明晰的影响，截至2014年末，瑞士最大的银行瑞银集团已位居英国《银行家》杂志评选的“全球50家私人银行”榜单榜首。

二、瑞士银行业的发展现状与主要特征

（一）发展现状

1. 银行业是瑞士的战略支柱产业

瑞士是离岸私人财富管理中心和私人银行的发源地，银行业是瑞士的战略支柱产业。根据瑞士银行业协会的报告，2014年金融业对瑞士GDP的贡献度为6%，支持了全国14%的税收（其中银行业为8%），提供了19.58万个就业岗位以及20万个海外雇员岗位。瑞士金融从业人员较高的劳动生产率（金融业：其他行业=1.6：1）促使瑞士成为了世界上最为富裕的国家之一。此外，瑞士日内瓦是全球最大的离岸金融中心，超过伦敦、纽约和法兰克福，被公认为国际资产业务管理的全球领导者。

2. 银行业注重经营转型，有效应对了各类金融危机

一是去杠杆化。在银行方面：其一，通过削减信贷或变卖资产，以此偿还负债；其二，有意识地压缩同业资产负债规模；其三，通过资产结构调整，降低财务杠杆率，包括有意识地控制银行资产负债规模的过快增长，持

续通过资本市场融资和盈利留存来提高资本充足率，降低资产负债表中风险加权占比较高的资产。在监管方面：其一，不断规范杠杆率的计算公式，杜绝监管套利空间的存在；其二，避免设计过于复杂的计量问题，有效控制并规避计量风险；其三，不断将表外业务纳入新考核范畴，从而完善杠杆率的计算。

二是新型国际化。自2008年国际金融危机后，脱离实体经济且聚焦欧美市场的瑞士银行业受到了重创，为摆脱困境，瑞士银行业制定了新型国际化发展方向，即将市场竞争格局向新兴市场倾斜。这源于一方面新兴市场经济体持续快速高增长、自身金融机构尚未充分发展，另一方面瑞士银行业具有全球跨境资本、信贷与金融服务输出的核心力量与比较优势。

三是回归传统或核心业务。由于欧元区一体化制度设计的缺陷、政策逐步趋向保守、人口老龄化日趋严重、债务问题的长期困扰以及技术创新不坚实等原因，欧洲实体经济近年来持续不振。在此压力下，瑞士银行业需要拓展新的融资与收入来源。而欧洲经过几十年持续稳定发展的积累，居民财富殷实，因此瑞士银行业纷纷开始回归最具竞争力的核心业务，即私人银行业务、财富管理业务，传统的业务再获重视。

3. 面临的新机遇与新挑战

尽管瑞士银行业已从2008年国际金融危机中获得较好回复，但其依旧面临如下困境：一是国际银行业市场的竞争加剧。二是瑞士国内经济不振，欧洲区经济疲软，导致瑞士银行不良率上升和受托资产规模下降。三是银行保密法的取消以及欧美监管的新变革，导致瑞士财富管理业务和跨境理财业务受到严重冲击。面对上述困境，微观层面上的银行机构也呈现出如下新特征。

一是大银行与中小银行的资产规模发生迥异变化。随着欧洲银行联盟的盛行以及瑞士大银行受到欧美的制裁，瑞士大银行的资产规模开始持续下降。与之相反，同时期的瑞士其他银行机构，除外国银行外，近年来的资产规模却实现了稳步提升。这归功于中小银行主营业务聚焦于国内，业务类型多为境内企事业单位的抵押贷款业务、定期存款与个人储蓄投资，因此面对国际压力，聚焦于国内的中小银行呈现出较好的发展态势。

二是跨境财富管理业务收缩，机构面临洗牌。当前，随着财富管理业务利润率的下滑，不少外国银行纷纷放弃或出售其在瑞士的财富管理业务或机构，转而前往新兴市场寻找商机。在本土银行方面，瑞银集团和瑞士信贷集团受到了美国税务争端的严重影响，除缴纳罚金之外，两家机构还不得不将其非美国财富管理业务拆分，转入瑞士私人银行Notenstein，这直接导致了瑞士全球财富管理业务主导地位的下滑。

三是国际压力持续增加，银行保密法被迫取消，银行业面临再度转型。伴随国际压力的不断增加，瑞士不得不作出妥协，2013年瑞士签署《多边税收征管互助公约》，承诺将于2017—2018年建立“自动交换信息”标准。至此，瑞士几百年来坚持保护银行客户隐私的银行保密制度走向了终结。

综上，面对上述困境，瑞士银行业提出了转型要求。具体措施如下：一是财富管理业务已由之前的以西欧、美国为主向新兴市场转移。二是资产管理业务更加聚焦本国市场。三是强化公司银行业务与投资银行业务，积极做大做强离岸金融市场，同时增进瑞士证券交易平台的透明度。四是给予税收扶持，进一步降低融资业务的税负。

（二）主要特征

瑞士银行业以拥有悠久的金融发展历史、严格的银行保密法、强大的资本实力以及大量高素质的专业人才为特征，为瑞士树立了声誉卓著的、稳固的国际形象，瑞士银行业历来最受全球富人青睐。除此之外，瑞士银行业还具有如下特征。

1. 合理的资产集中度与细分的市场分层经营模式

一是瑞士银行业具有合理的资产集中度。瑞士银行体系按照资产总额可划分为大银行、州立银行、外国银行、来福埃森银行、资产管理银行、地区性银行和储蓄所、私人银行、其他银行八类。瑞士银行业的集中度合理，与欧美银行的集中度基本持平，这既有利于避免银行间的过度竞争，降低银行的“特许权价值”，也有利于提高行业抵御风险的能力，提升银行体系的稳定性。二是瑞士银行业具有细分的市场分层经营模式。在瑞士，八类不同的银行机构依托细分市场，秉持分层经验的理念，提供差异化服务。中小银行业务领域多聚焦于国内市场，经营宗旨多是为当地企业、居民提供符合当地实际情况的融资贷款及私人理财业务；而大银行多聚焦于国际业务发展。

2. 以私人银行为特色的财富管理能力出众

一是财富管理业务是瑞士银行业的核心业务。与花旗、汇丰等金融百货公司的全球化发展模式不同，财富管理、资产管理、投资银行是瑞士银行业屹立于全球银行业之巅的三个支柱，而财富管理又是其中的重点支撑。二是外国托管资产占据财富管理业务的主要份额。

3. 发达的表外业务

瑞士银行业表外业务优势主要表现在以下四个方面：一是国际债券业

务，二是国际信托业务，三是黄金交易市场，四是重要的外汇市场。

4. 领先的国际业务

一是国际业务领先。瑞士是一个资源贫乏的内陆小国，国内市场狭小，国民经济的对外依存度强，因此瑞士银行业自诞生之日起就瞄准了国际市场。二是银行持有的外资份额较高。在瑞士，银行业中外资身影非常普遍。更具特点的是，瑞士央行所持外国资产份额巨大，投资并持有外国资产的份额基本维持在85%～95%，这在世界其他央行中极其罕见。三是众多的境内外分支机构。瑞士境内有银行500多家，分支机构有4700余家，平均每1400人就拥有1家银行办事机构，这远多于其他国家的人均数量。四是投资地域多集中于欧美。瑞士银行业的资产主要投资方向是西方工业化国家和地区。选择欧美国家作为投资区域是因为在这些发达国家法律制度完备、政府廉洁且透明度高、资产回报率高、投资风险小。

三、瑞士银行业发展的六大支撑因素

（一）与时俱进的战略调整与专注核心业务发展

在与时俱进的战略调整方面，瑞士银行业表现出如下特点：一方面，能够在20世纪晚期及时转变发展思路，由规模扩张型并购向注重核心业务发展转变，通过剥离非核心业务和采取精细化收购核心业务等措施，努力回归自身的核心业务，巩固并强化财富管理、私人银行等领域的比较优势。另一方面，依托技术革新，获得先发优势，进而保持了强劲的竞争优势，也促进了国际地位的不断提升。

（二）多样的金融机构与先进的银行管理技术

在多样的金融机构方面，多达300余家的银行机构，在为客户提供差别化、定制化、多样化服务的同时，也奠定了瑞士银行业繁荣的基础。在先进的银行管理技术方面，瑞士银行业几百年的发展历程使其积累了先进的银行业管理经验与研发技术。一是瑞士银行业拥有优秀的金融人才。二是瑞士银行业具有卓越的研发能力，不断提供丰富的金融产品。

（三）适度宽松的银行监管与便利的混业经营手段

按照瑞士法律，瑞士银行业为混业经营，所有银行都可以经营证券、外汇、黄金，可持有企业股票。瑞士政府对银行业的直接干预极少，这也反映了瑞士一贯秉持的自由经济思想。

（四）稳健的货币政策与长期币值稳定

长久以来，瑞士法郎币值保持稳定的原因如下：一是瑞士常年的高储蓄率为瑞士经济发展提供了充足的资金。二是货币自由兑换为国际投资者提供了便利。三是资本自由转移使得国际投资者放心进入瑞士参与投资。四是经常项目顺差支持了瑞士法郎的坚挺。五是货币发行与黄金准备挂钩，保证了币值稳定。六是瑞士央行长期奉行稳定物价的限制性货币政策。

（五）自由贸易、低税率与非外汇管制

在贸易方面，除铁路、邮政等少数国家垄断部门，瑞士所有经济领域都对外国投资者开放，企业资本的多数也不必掌握在瑞士方手中。同时，外国人在瑞士购房也无限制。在税收方面，瑞士对所有世界贸易组织成员以及与

瑞士签署了多边、双边和技术贸易协议的国家实施最惠国待遇，向发展中国家提供普惠制。在外汇方面，瑞士是世界少数几个在任何时期都没有实行过外汇管制的国家，资金进出非常便捷与安全，这极大地促进了瑞士作为国际离岸金融中心的形成与发展。

（六）其他支持因素

一是中立国地位与长期稳定的政治、经济政策。自1815年成为永久中立国之后，瑞士从未受过战争破坏，造就了其政治、经济、社会各层面的长期稳定，增加了国际投资者的安全感。此外，瑞士政府对内实行自由经济政策，极少干预，对外执行自由市场政策，采取低税率或免税制，这些都极大地降低了在瑞士经商的难度。二是健全的银行保密制度与法律环境。1934年瑞士议会通过了《银行法》，规定任何外国人和外国政府，甚至瑞士的国家元首和政府首脑以及法院等都无权干涉、调查和处理任何个人在瑞士银行的存款。受惠于银行保密制度，全球高净值客户纷纷将个人财富存入瑞士。

四、启示

（一）不断推动银行稳健经营与完善宏观审慎监管相结合

具体建议：一是被监管的银行业机构要做大做强财富管理、资产管理和投资银行等低风险业务，提高低风险业务占比，降低风险业务占比，进一步提高风险资本充足率、资产拨备比例，以此保障经营安全，防范金融风险。二是建议构建各金融监管体系之间的信息共享机制，协调规划并确定我国宏观审慎监管的目的、监管者、被监管者及其相关政策，强化国际合作，交流先进的监管经营。

（二）营造相对宽松的制度环境，建设长期稳定的金融市场

具体建议：一是适当鼓励混业经营业务模式，积极鼓励金融创新。二是降低银行业准入门槛，扶持建立中小金融机构，积极构建多元化、多样化的金融供给体系，实施普惠金融服务。三是完善金融法律体系，为大力发展银行业保驾护航。四是加强社会诚信建设，完善个人信用制度，降低银行业的不良率，保障银行业健康发展。五是改革银行税收政策，减轻银行整体税负，吸引境外资金入境办理财富管理业务。六是努力改善金融消费环境，积极引导金融消费有偿服务。七是降低政府干预，提高金融业市场化程度，从政府、机构两个层面协同努力，构建我国长期稳定的金融生态环境。

（三）尝试混业监管，构建公共监管与自律监管相结合的模式

具体建议：一是监管层应尝试准许我国银行业在一定程度上开展综合经营，并对由此产生的创新业务进行混业监管。二是在体制机制、组织架构上建立与混业监管相匹配的监管新模式。三是将行业自律监管与政府公共监管有机结合，提高监管的灵活性。四是完善公共监管的内部控制机制，提升风险的识别能力与管理能力。

（四）树立“大金融”发展观，倡导综合经营

具体建议：一是在细分市场的基础上，针对不同的目标客户推出各具特色的负债、资产和中间产品。二是形成以客户为中心、以市场为导向、以业务条线为主导的扁平化体系，为客户提供满意的金融服务，提高客户黏性。三是突破传统物理网点的局限性，以产品为载体，搭建先进、发达的信息网

络体系。四是探索以信息网络系统为支撑的多元化业务经营和产品交叉销售体系。五是我国银行机构应在监管政策允许的范围内，最大限度地尝试混业经营，提升综合经营服务水平。

（五）倡导市场分层经营模式，提供差异化服务

具体建议：一是鼓励政策性银行、大型国有银行、具有一定资产规模的股份制银行尝试探索混业经营，提供综合金融服务，探索国际化发展路径。二是引导中小股份制银行、城市商业银行、村镇银行聚焦于本地区、本县域的融资信贷业务，深耕细作，积极为当地企事业单位和个人提供特色金融服务。三是对分层经营的银行机构进行分层监管。

（六）强化资产管理业务，提升客户服务能力

具体建议：一是强化私人银行业务，大力发展财富管理业务和资产管理业务，这样既可以预防我国银行业过度创新，脱“实”就“虚”现象蔓延，也可以扩大银行业的低风险业务占比，抵御实体经济下行压力，降低银行不良率。二是银行机构围绕“财富管理”这一主题，努力提升客户服务能力。其一，重点发展私人银行业务与大类资产配置；其二，银保混合发展，重点发展人寿保险、年金和再保险；其三，重点发展特殊基金、风险投资基金，建立对冲基金信托或托管中心等。三是银行机构发展私人银行业务应该加快改革。其一，政府层面要积极构建高效的资源配置的灵活市场；其二，银行机构要形成集约经营控制管理能力，积极探索满足私人银行业务复杂多样、服务层次要求高、人文金融色彩浓的特色新业务；其三，从组织架构上进行改革，建立适应私人银行业务发展的应答机制。

（七）培养高素质金融人才，强化金融理论研究

具体建议：一是建议国内银行要积极培养专家型队伍。其一，以注册理财规划师为标准，逐渐建立一支产品经理队伍；其二，培养熟悉跨资本市场的综合型投资专家队伍；其三，在私人银行的产品研发、营销管理和风险控制等方面加大引进国际化优秀人才的力度。二是建立高水平的经济和金融研究机构与培养高水平的人才。其一，应鼓励我国银行经营机构自建研究院，以理论为先导，以此保障银行业的健康持续发展，维护银行体系的长期稳定；其二，强化银行业与高校之间的产学结合，提高研究成果的转化率，为银行经营机构发展提供创新服务；其三，从国家教育的高度，重视以金融学为代表的软科学研究建设，建立、健全具备国际一流水平的金融人才培养机制。

2016

1

总 第 1 期

MINYIN ZHIKU YANJIU

中国民生银行
CHINA MINSHENG BANK

民银智库研究

产 业 篇

中国、美国、德国、日本、韩国制造业对比分析

▶ 李岩玉　朱军阳　吴　琦　吴　强　徐继峰　郭晓蓓　王　润

制造业是各国经济的原动力和经济发展的支柱，也是国家综合实力的重要体现。经过多年的高速发展，中国制造业总产值已跃居世界第一位，但在制造业竞争力、人均增加值以及高端产品和关键核心技术的掌握、生产效率等方面与美国、德国、日本、韩国等发达国家差距还很大。

在世界制造业发展和升级过程中，美国、德国、日本和韩国代表着不同的升级演化模式，呈现出不同的特点与比较优势。本文总结梳理了四个制造业强国制造业发展的典型特征、主要支撑因素，提出了发展我国制造业的借鉴和启示，以期对打造我国制造业“升级版”、实现我国制造业由大变强具有参考意义。

一、各国制造业整体发展水平分析

（一）制造业总体发展情况

1. 发展路线及优势产业

（1）发展路线

原发模式	后发模式
● 美国、德国为原发模式，作为发达经济体，具有基础科学研究、世界一流技术等比较优势，制造业的发展采取“研发与生产→出口→进口”的路线	● 日本、韩国、中国为后发模式，作为后发的制造业大国，制造业的发展采取出口导向战略，通过“引进→国内生产→出口”的“赶超型的发展路线”，实现制造业现代化

图1　中国、美国、德国、日本、韩国的制造业发展路线

（2）优势产业

美国、德国、日本、韩国制造业优势产业的共同特征是汽车产业发达。另外，美国、德国集中于高端制造业，日本集中于中高端的硬件制造业及关键核心零部件的制造，韩国集中于中端制造业，中国集中于劳动力密集、技术水平和附加值水平不高的中低端产业。

表1　五国优势产业对比

国家	优势产业
中国	劳动力密集、技术水平和附加值水平不高的产业
美国	航空航天、汽车和新能源等
德国	汽车和汽车配件、电子电气、机械设备制造、化工制药、可再生能源等
日本	机械设备制造、汽车、关键零部件、消费电子产品等
韩国	电子、汽车、船舶、石化、钢铁行业等

资料来源：中国民生银行研究院根据公开资料整理。

（3）国民经济地位

制造业是各国经济的原动力和经济发展的支柱，制造业增加值始终在GDP中扮演重要角色。中国、韩国、德国均是相对倚重制造业的国家。

表2　五国制造业增加值占GDP的比重

单位：%

国家	1995年	2000年	2005年	2010年	2011年	2014年
中国	33.5	31.9	32.3	31.9	31.1	33
美国	15.9	15.7	13.5	12.5	12.6	12.0
德国	22.6	22.8	22.3	22.0	22.7	22.3
日本	22.2	21.2	19.9	19.7	18.6	18.4
韩国	25.3	29.0	28.3	30.7	31.4	30.3

数据来源：世界银行、联合国工业发展组织、各国统计部门，由中国民生银行研究院整理。

2. 全球地位

（1）综合排名

制造业竞争力指数[①]和世界500强企业排名均显示，中国与发达国家制造业的差距还比较明显。在2015年世界500强企业排名中，美国、德国、日本、韩国制造业上榜企业数量占比均接近或超过50%，中国还不到30%。[②]

表3 制造业竞争力指数排名

国家	排名	指数
德国	1	0.55
日本	2	0.49
美国	3	0.44
韩国	4	0.41
中国	5	0.35

表4 人均制造业增加值排名

国家	人均增加值（美元）
日本	7913
德国	7737
韩国	7477
美国	5520
中国	1219

注：该排名为五国在全球142个国家中的总排名。

数据来源：2014年“联合国工业发展组织数据库”。

（2）在全球制造业价值链中的位置

中国制造业多数处于 “制造—加工—组装”中的低价值环节，位于微笑

① 制造业竞争力指数指的是某国（地区）制造业生产与出口能力的竞争优势，由以下六项指标综合而成，即工业能力（平均每人的制造业附加值）、工业化密集度（制造业附加值占GDP的比重）、对全球制造业附加值的影响（制造业附加值占全球的比重）、制造业出口能力（平均每人的制造业出口）、对全球制造业产品贸易的影响（占全球制造业的出口比重）、出口质量（中高技术产品占制造业的出口比率）。

② 数据来自财富中文网，主要根据营业收入和利润排名，其中德国为65%，日本为55%，韩国为55%，美国为47%，中国为24%。

曲线的底部；韩国在全球制造业价值链中处于设计研发、品牌销售等两端的中附加值环节，产品以中端产品为主；美国、德国、日本处于设计研发、品牌销售、关键零部件生产等两端的高附加值环节，位于微笑曲线的顶部。

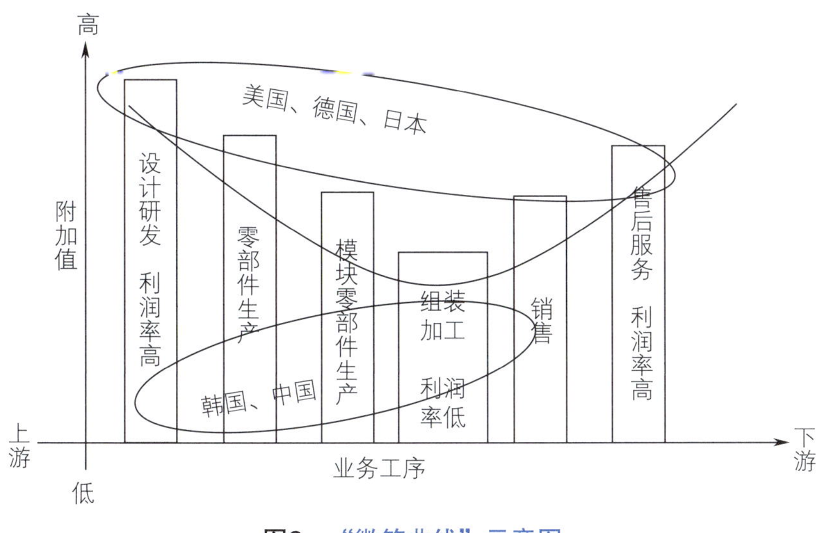

图2　“微笑曲线”示意图

（一）各国制造业的竞争优势

中国的优势在于人力资源成本低，国内市场大，拥有后发优势。与中国相比，发达经济体制造业的突出优势在于劳动效率高、物流成本低、资金成本低、宏观税负较低。美国、德国在基础科学研究、世界一流技术等方面拥有比较优势和通过大型跨国公司在全球配置资源的能力；与美国、德国相比，日本的优势在于具有高质量、低成本的全球竞争力，管理精细化，在一些关键零配件、原材料领域具有突出优势；韩国的优势在于在中端制造业领域领先于中国。

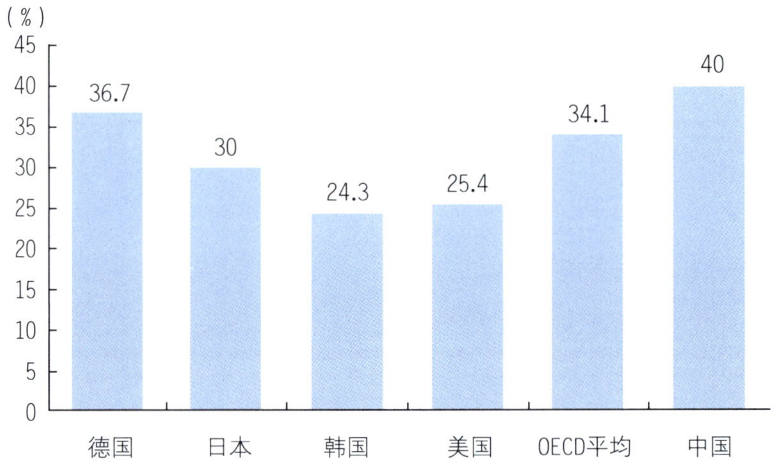

注：日本、中国为估计值，中国为综合考虑税收、政府性基金、各项收费和社保金等项目后的数据。

数据来源：德国、美国、韩国、OECD平均值数据来自OECD *Revenue Statistics 2014*。

图3 五国宏观税负及其与OECD平均值的比较

（三）发展面临的突出问题

各国制造业的优劣势不同，发展阶段各异，面临的问题也不同。

中国：研发投入少，自主创新能力弱，对外依赖性强，缺乏品牌影响力。另外，由于中国劳动力成本上升及制造业转移，中国传统制造业转型升级时间被迫缩短。

美国：资本回流不足，资金约束较强；劳动力供应不足；全球市场竞争日益激烈。

德国：劳动力成本高，灵活性和反应速度不够。

日本：在制造业信息化领域处于落伍状态，生产体系不适应全球化的发展需要，全球化的经营能力不及美国、德国等国。

韩国：在高端技术上，韩国比不过美国、德国、日本，在中低端制造组装方面又被中国赶超。由于产业转移，韩国国内制造业出现“空洞化”，还过度依赖大型企业，中小企业实力薄弱。

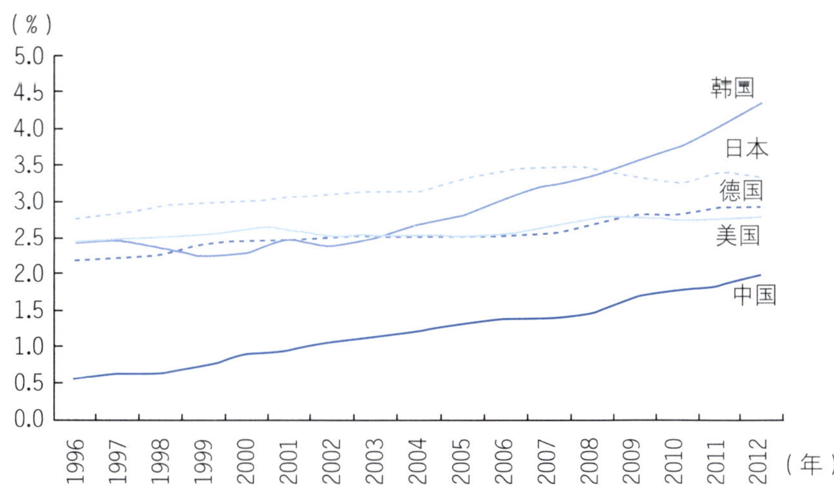

数据来源：世界银行、OECD，由中国民生银行研究院整理。

图4　五国研发支出占GDP的比例对比

二、各国制造业发展的典型特征

发达经济体制造业发展的共同特征是区域集中、跨国企业引领、品牌塑造、汽车产业发达等。另外，各国的国情各异，制造业的发展阶段不同，发展也呈现出各自的鲜明特征。

（一）中国制造业发展的典型特征

一是“三高”，即高投入、高消耗、高污染；二是“三低”，即劳动成本低、劳动生产率低、人均增加值低；三是“三依赖”，即出口依赖、对外技术依赖、外资依赖；四是“三不合理”，即产业结构不合理、人才结构不合理、科研投入结构不合理；五是“三薄弱”，基础零部件薄弱、基础工艺薄弱、基础材料薄弱。

（二）美国制造业发展的典型特征

一是注重基础研发设计。美国历届政府都高度重视科技，始终强调把保持美国科学研究和教育的优势置于最重要地位，建立了由国家实验室、企业科研系统、大学、非营利机构组成的庞大且完备的科技机构。二是创新驱动作用明显。最为明显的就是汽车产业，当全球所有传统车厂还在按部就班地发展混合动力汽车时，特斯拉就以纯电动车迅速掀起市场波澜。

（三）德国制造业发展的典型特征

一是制造业成为德国的支柱产业，在世界范围内处于领先地位。比如在机械设备制造业的32个行业分支中，德国有17个行业分支居于世界首位，有8个行业分支位居世界第二位。二是出口比重大。德国制造业从一开始就主要依赖海外市场，出口成为增长的首要引擎，比如德国的机械设备制造业有3/4的产品销往国外。三是以中小企业为基石。德国强大的制造业是由大型企业和中小企业共同支撑的，众多中小企业在某个“小而精”的细分领域拥有很强的市场竞争力，这些企业往往占据全球同类产品市场份额的60%~80%。四是拥有众多顶级品牌和百年老店。

（四）日本制造业发展的典型特征

一是选取一条典型的改良式创新之路。日本作为后起的制造业强国，从模仿开始起家，然后持续不断地进行一系列“改良式创新”，通过低成本、高质量进行差异化的竞争，迅速占领市场。二是对国际市场高度依赖。日本国内市场成熟，需求饱和，过剩的产能必须输出，而且日本国内资源短缺，大规模推进制造业发展，必须大量进口原料和能源，为了解决在大量进口中形成的对外汇的大量需求和实现国际收支平衡的需要，必须增加出口。三是大量中小企业成为日本制造业的基石。世界排名第一的日本中小企业在1500家以上，这些企业很多具有全球顶尖的技术，围绕大企业配套，双方长期紧密合作。

（五）韩国制造业发展的典型特征

一是适时调整政府政策，推动制造业的发展。在制造业发展的初期，由政府主导，为企业提供全面支持，并加强金融市场、外汇市场的管制；在制造业发展的中后期，由市场主导，主要重化工业大部分转为私营部门，研发投入企业逐渐占据大头，放松金融管制。二是大型企业成为韩国制造业创新的主力军。韩国以财阀大集团为主体进行制造业的升级。大企业资金实力、技术实力雄厚，进行自主创新，一方面可以使研发与生产紧密结合，快速把研发成果转化为现实的生产力，另一方面可以使产品销售快速上量，迅速打造世界知名品牌。三是韩国制造业过度依赖大企业，缺乏大量有竞争力的中小制造企业做产业基石。

三、各国制造业发展的主要支撑因素

制造业是一个有机联系的产业链和综合经济体系，其成长和发展不只靠行业企业本身，同时还与其他行业的繁荣发展及国家的资源、政策和经济社会大环境密切相关，是多方面因素综合作用的结果。美国、德国、日本、韩国四个国家的共同经验是，发展制造业要根据本国国情，通过金融、政策、教育等方面的支持，发挥企业、政府、市场的协同作用，确定合理的发展战略和主导产业，努力提升科技水平，增强自主创新能力。

（一）中国制造业发展的主要支撑因素

一是改革开放政策为中国制造业发展注入了活力。改革开放政策实施后，改革在多个层次、较大范围不断深入，为中国制造业发展注入了强大活力。二是政府支持政策为中国制造业发展提供了保障。政府制定了一系列制造业产业政策、发展规划、招商引资政策、税收优惠政策等鼓励、支持制造业发展。三是大量丰富的自然资源、劳动力为中国制造业发展奠定了基础。四是巨大的市场需求为中国制造业发展创造了条件。

（二）美国制造业发展的主要支撑因素

一是拥有全球最强的科技实力。美国是当今世界第一科技大国，具有全球最强的科技实力。二是拥有全球最强的经济和政治影响力。美国作为世界唯一超级大国和西方世界的领袖国家，拥有世界任何其他国家都不具备的政治和经济影响力，同时作为国际储备中心货币的美元以及全球最发达的资本市场为美国制造业的发展提供了坚强支撑。三是拥有全球最大的消费市场。美国国民的消费能力为美国制造业创造了全球规模最大的消费市场，同时也是很多国家制造业都依赖的出口市场。

（三）德国制造业发展的主要支撑因素

一是不断的研发创新成为产业发展的动力。德国制造业重视研发，研发投入很大，发明创造和专利申请不断涌现，有力地保证了国际竞争力。二是中小企业发挥了重要作用。德国众多的中小企业在某个细分领域具有很强的市场竞争力，为大企业提供了强有力的配套支持。三是政府对产业的引导、支持。政府不断适时推出产业政策，引导、支持企业的生产和经营活动，特别是在基础研究领域，政府直接提供大量研发资金或补贴，建立了从基础理论到应用研究的一体化科研体系。四是建立产业导向的职业教育和培训制度。开展双元制职业教育，几乎70%的学生在毕业走向工作岗位前都要到企业进行针对性的技术培训。完善的职业教育和培训制度，为德国制造业的发展提供了世界上最好的技工队伍。

（四）日本制造业发展的主要支撑因素

一是主银行体制为第二次世界大战后制造业的高速发展提供了金融支撑。在主银行体制下，制造业企业获得了持续稳定的资金支持，同银行建立了长期性的密切合作关系。二是产业、外汇和财税金融政策为制造业的发展提供了政策支撑。鼓励企业间的合并与联合，坚持将技术创新和技术进步置于产业政策的核心；维护日元贬值的格局；对制造业设备研发、投资实行财政补贴和税收优惠；实施以低利率资金分配为中心的金融制度。三是日本的教育体系为制造业的发展提供了人才支撑。日本的教育体系注重发展各种与高新技术产业相关的高层次职业技术教育，培养专门的制造业人才。四是日本的“企业系列”制度为制造业的发展提供了组织支撑。以银行为中心，企业之间交叉持股，“企业系列”制度使日本走了一条以最低的谈判成本组建与欧美相抗衡的制造业集团和跨国企业的捷径，为日本赶超欧美赢得了时间。

（五）韩国制造业发展的主要支撑因素

一是注重金融支持，以金融业助推制造业成功升级。韩国通过财政融资（政府基金和政府借款的转贷款）和政策性融资两种方式对制造业发展提供长期、低息的贷款。二是良好的政策环境助推产业升级、技术进步。历届韩国政府都及时出台了多项产业政策督促企业进行产业升级，这些政策除了提出发展目标之外，还从用地、税收、融资、技术投资等方面提供优惠。三是注重品牌建设，成功形成一批国际化的知名品牌。韩国政府重视制造业的“国家品牌”建设，举全国之力力推“国家品牌”战略，举办各类民族品牌的推广活动。四是注重人才培养，形成“产、学、研”相结合的多层次人才体系。注重培养“产、学、研”相结合的高级人才，发展职业技术培训与高等教育并存的教育体系，注重引进海外人才。

四、对我国发展制造业的启示

通过分析美国、德国、日本、韩国的制造业发展状况，可以发现各个国家制造业的发展各具特色，都能根据本国国情，通过各种措施，确定合理的发展战略和主导产业，实现本国制造业的腾飞。因此，如何在发挥我国制造业优势的基础上，积极借鉴和吸收美国、德国、日本、韩国制造业发展的先进经验，对促进我国制造业的转型和升级具有重要意义。

（一）加快体制机制改革，进一步释放我国制造业发展活力

以《中国制造2025》为契机，未来十年我国要进一步加快体制机制改革，确保在重要领域和关键环节取得决定性成果，形成适合制造业持续健康发展的社会和市场环境。一是加快推进利率市场化改革，发挥市场对资金配置的决定性作用，降低融资成本。二是打破条块分割、阻碍物流业发展的体制机制障碍，构造发展现代物流业的政策环境，建立和完善现代物流服务体

系。三是进一步完善“政、产、学、研”协同创新机制，加快科技体制改革和科技创新，推动产业升级，以保持和提升国际竞争力。四是加快价格税收体制改革，稳步扩大营业税改征增值税试点范围，逐步消除重复征税，完善出口退税政策，进一步减轻企业税费负担。五是通过进一步完善国有资产管理体制、健全现代企业制度以及发展混合所有制经济，加快国有企业改革。

（二）政府要扮演“促成者”角色，发挥政策的引导和支持作用

制造业的研发成本高、风险大、周期长。一是在高新技术及新兴产业发展方面做到有前瞻性。从战略上重视实现某些核心技术及关键环节的产业开发，对于一些瓶颈环节，由国家进行统一安排，在全国形成合理分工，通过国家的系统组织与管理，在短期内实现突破。二是解决我国制造业发展的公共性技术研究及政府与市场之间的“无人区”负效应。一方面支持企业建立自身的内部研发投入体系，另一方面建立公立应用性研发体系，明确定位于获取以产品研发为导向的新科学知识的基础性研究，联合企业和官方一起解决研发投入高的问题。三是鼓励、推动优势企业间的合并与联合，将技术创新和技术进步置于产业政策的核心。四是引导、支持企业加大研发投入，对制造业设备研发、投资实行财政补贴和税收优惠，实施以低利率资金分配为中心的金融制度。

（三）从全球价值链角度重新审视制造业政策，产业向中高端延伸

制造业能否保持竞争优势的关键在于能否在中高价值链上保持竞争优势。一是从全球价值链的角度全方位审视我国的制造业政策，立足于基础研发、自主创新，提高科技水平。二是准确评估我国制造业不同产业和产品在

全球价值链中的地位和竞争力，明确升级的目标和方向。三是加快研发、技术、设计、品牌、营销等中高价值链环节的积累，培育向中高端延伸的国际竞争优势。

（四）以品牌战略推动制造业升级，形成新的产业优势

打造我国制造业鲜明的品牌形象，形成品牌效应和良好的业界口碑，从而在全球范围内培养客户群体和广泛的影响力。一是制定融资、财政、税收、人才、研发创新等方面的政策激励措施，鼓励行业和企业资源向品牌聚集，支持优势品牌、特色品牌发展，成功形成一批国际化的知名品牌。二是组建面向国际市场的大企业集团。一方面，鼓励我国现有大型制造业企业与上下游企业组成战略联盟，发挥协同优势，面向国际和国内两个市场，扩大国际影响力；另一方面，根据竞争优势原则，鼓励优势企业实施兼并重组，组建具有国际竞争力的制造业集团，引领行业发展。三是举全国之力力推“国家品牌”战略，举办各类民族品牌的宣传推广活动。

（五）构建“三位一体”的职业教育体系，加强制造业人才培养

建立学校、企业、政府“三位一体”的职业教育体系，促进校企合作，联合开展职业教育。一是以产业为导向，学校负责传授理论知识。二是企业负责为学生提供到一线实习的机会和培训。三是政府负责制定职业考核标准，评判教学和人才培养质量。

（六）发挥金融体系对制造业发展的杠杆作用，提供资金支持

制造业产业结构升级过程中的金融支持特别是银行的融资支持非常重要。我国应建立符合中国国情的、多层次的金融支持体系。一是加大财政融

资和政策性融资对战略新兴产业及基础研发的金融支持力度，为新产品开发、工艺开发和新技术商业化等方面的研发活动提供长期、低息贷款支持。二是发展以银行为主导的金融体系，实现间接融资与直接融资并重，适度发展虚拟经济，让大型和中小型制造业企业都能通过适宜的渠道获得金融支持。

（七）大力发展“小而精”的中小制造业企业，构筑制造业发展的基石

德国、日本的经验表明，大量中小企业是制造业发展的基石。一是推动制造业企业的区域产业集聚。以核心大企业的规模、技术优势为依托，周围集中布局大量的中小配套企业，双方长期紧密合作，通过集聚经济效应，实现资金周转、技术升级、创新等。二是大力支持中小制造业企业的发展。加强财税扶持、融资支持，重点支持中小制造业企业的转型升级，实现“专、精、特、新”发展。

加快试点“股田制”

——积极探索符合国情的农业现代化发展新模式

▶ 黄剑辉 张丽云

2004年以来，中央一号文件连续第十二次聚焦于“三农”，对推动中国农业发展起了重大作用。习近平总书记指出，没有农业现代化，没有农村繁荣富强，没有农民安居乐业，国家现代化是不完整、不全面、不牢固的。近年来，在国内外经济增速放缓、运行风险增加、国内经济结构调整和各领域改革不断推进的背景下，农业发展面临众多新的瓶颈，进而影响到“三农”发展的全局。展望未来，中国的经济增长必须要解放思想，加快改革开放。而中国新一轮的发展可以从农村改革入手，通过试点“股田制”等土地制度的变革实践，并借鉴部分国家和地区经验优化农业发展模式，以加快推动农业现代化，进而带动农村和农民现代化。

一、中国农业发展面临新的瓶颈

（一）农业现代化水平不高，发展滞后

农业现代化就是用现代科学技术和生产手段装配农业，以先进的科学方法组织和管理农业，提高农业生产者的文化、技术素质，把落后的传统农业

逐步改造成为具有高度生产力水平和可持续发展的现代农业的过程。农业现代化是生产力发展的必然结果，也是国民经济不断发展的客观要求。但在中国工业化、信息化、城镇化、农业现代化“四化”发展的过程中，农业现代化发展滞后，成为现代化建设中最薄弱的环节和短板。

当前，国内对农业现代化水平的测度还没有统一的标准，但通常从农业机械化水平、农业劳动力素质、农业科技贡献率、农业生产能力、农业产业化水平、农业可持续发展水平几个维度来衡量。从这几项指标的有关数据和资料可以看出，中国农业现代化水平与发达国家相比还存在不少差距（见附表1）。有关研究表明，中国综合农业现代化指数为38，排名世界第65位。中国科技部资料显示，中国农业现代化与欧美发达国家大概有20年的差距，主要体现在农业现代化的科技水平、信息化水平、金融能力、管理水平等方面。

受农业现代化发展滞后的影响，中国农村现代化水平也较低。农村总体缺乏规划，发展落后，曾有人用“城市像欧洲，农村像非洲”这样尖锐的批评来形容当代的中国。在此分化下，农村基础设施建设滞后，尤其是医疗、教育这些公共服务很紧缺，条件非常差。在国外，甚至是人均GDP只有300多美元的赞比亚，它的校舍相对于政府大楼和居民的房子也是最好的，而且有国家统一配发的校服。但中国农村的教育现状是，很多中小学的校舍还很破旧，教育基础设施严重不足。此外，中国农村的金融机构网点偏少、服务类型单一、贷款难度高、金融获取度低，农村的民主程度、参与社会管理程度、法制程度等也较低。

（二）中国现行的土地制度安排扭曲，暴露出诸多弊端

1. 家庭联产承包责任制已难以适应农业现代化发展的需求，制约农村工

业化和城乡一体化发展

农地的集体内部均分制度导致土地细碎和分散化现象突出，降低了农业规模经营水平和利润率，制约了农业现代化步伐。20世纪80年代初实行的以家庭联产承包责任制为核心的土地制度改革增加了农民收入，促进了农村经济的发展。但随着人口的增加，土地承包制不断将土地细分，难以实现农业规模经营和现代化。第二次全国土地调查数据显示，2009年末，全国人均耕地已缩小至1.52亩，其中多个省（区、市）的数据达不到全国平均水平，广东、上海甚至低于0.4亩。而联合国的认定标准为，1亩耕地是维持一个人最低生存的基本条件，中国再继续细分土地已毫无意义。

家庭联产承包责任制与农村工业化产生矛盾。乡镇工业发展需要解决区域集中问题，而在征用土地建立乡镇开发区过程中遇到农户和经济合作社的抵制；由于土地价格的飞涨，农民不愿意放弃土地，原来部分已经“农转非”的农民还要求倒流回农村。

家庭联产承包责任制不利于城乡一体化的局面。土地的产权分散在自然村、农户手中，制约着镇一级和管理区对村镇建设的统一规划和统一管理。

2. 中国的农地承包制度面临平等和效率之间的复杂两难问题

对于中国绝大多数农民来说，农地一直是其经济收入的重要来源，因此，在农村集体土地所有制的情况下，平均分配土地，根据人口变化进行土地调整，就成为中国农地集体所有、家庭联产承包体制的内在需求。但问题在于，土地的频繁行政性调整不仅直接导致农业经营出现超小规模的状况，而且不可避免地影响到农地使用者对土地投资的积极性，甚至可能导致土地的粗放利用、破坏地力、降低土地产出。为此，中央政府一直强调要稳定土地承包权，规定“土地承包30年不变”、“增人不增地、减人不减地”，但农村村庄内部不同家庭间人口变动对土地调整的压力不断呈现，《农村土地承包法》无法得到有效实施。

3. 中国独特的土地征收制度使地方政府成为实际的土地供应主体，伴随土地用途转变，政府替代农村集体成为土地的所有者和城市土地的经营者

在中国现有的土地管理法律框架下，农地非农化的主体是各级政府机构，而非农地权属的主体即农村集体。政府成为农地转变为市地的唯一仲裁者，拥有从农村获得土地转换给城市使用的排他性权利。1994年分税制后，地方政府“吃饭靠财政、建设靠土地”的格局基本形成并不断强化，导致“土地财政”尾大不掉，在很大程度上推高房地产价格，并让耕地保护成为空话；过于宽泛的征地制度导致冲突不断，农民权益得不到充分保护，危及社会稳定。

（三）高速城市化下，农业兼业化、副业化、老年化趋势日益突出

由于城市化进程和乡镇企业的迅速发展，大量农村强壮劳动力投入到非农产业中，而把农业生产留给了妇女、儿童和老人。国家统计局监测结果显示，2013年，全国农民工总量已经达到2.69亿人，其中外出农民工超过1.66亿人。现有的农业小规模生产、副业化和老年化已开始影响中国农业的比较优势，阻碍农业现代化进程的实现。农民采用新技术的积极性下降，影响农业机械化作用的发挥，妨碍农业生产力的提高。

而且，受制于长期以来的城乡二元结构以及社会保障、教育、住房等配套因素，农村人口在向城市流动的过程中又不能实现完全迁移，外出务工经商者“离土”的机制无法启动，造成“离土不离乡”的局面，也极大影响了农村内部土地产权的稳定。

（四）中国农产品竞争力减弱，产业安全面临新挑战

中国长期以来的托底收购政策、不断提高的生产资料成本、分散的小农经济，导致主要农产品的国内价格高于国际市场20%以上，中国农产品竞争力减弱。

2013—2014年，中国临时收储玉米6919万吨，临时收储棉花629万吨，每吨棉花库存1年的利息和维护成本在2000元左右；临时收储油菜籽油高达600万吨，若按市场价格销售，价差损失超过150亿元；食糖临时收储库存累计500万吨左右，隐亏估计超过200亿元。2006—2012年，中国水稻、小麦、玉米、棉花、油菜籽、甘蔗价格年均涨幅均低于同期成本涨幅，到2013年中国大宗农产品国内价格已全面高于国际价格。

同时，受价差驱动，中国主要农产品进口激增，危及农业产业安全。“大豆之殇”便是其典型表现。由于中国大豆种植户均面积小，难有规模效益，生产成本比美国高30%以上，而大豆市场高度开放，在比较效益下，国内大豆种植面积不断减少。

因此，如何在国内经济增速放缓、城镇化推进的大环境下，继续强化农业的基础地位、改善农村生活条件、促进农民持续增收；如何通过有效的土地制度改革和配套改革措施，建立相关的新机制和体制，在兼顾效率与公平的条件下完成“空间城镇化”和“人口城镇化”，同时促进农村内部土地资源有效配置、农业经营规模扩大、农地与农村宅基地的合理流转；如何克服人多地少的自然禀赋，发挥比较优势，在国内外“双重挤压”下创新农业支持保护政策、提高农业竞争力；如何在资源环境硬约束下保障农产品有效供给和质量安全，提升农业可持续发展能力……这些均成为协调城乡矛盾，

促进农业现代化，并实现中央政府提出的以科学发展观统领经济社会发展全局、统筹城乡发展目标的关键。

二、中国土地制度变革的历程及启示

土地是农业生产的根基，土地制度是中国社会、经济和政治的根源。随着经济社会的发展和城市化进程的加快，土地问题在中国显得尤为重要。解决好土地问题，变革好土地制度，成为推动农业现代化发展，进而带动农村和农民现代化的关键。

“鉴于往事，有资于治道”，唯有先行解释清楚历朝历代的土地变革，搞清楚各种约束条件，并适当与境外及当今中国的约束条件比较，才可能作出较为适宜的顶层设计。

（一）中国土地制度变革历程

中国的土地制度最早可追溯到周代的“井田制”，这是古代的一种土地国有制，“公田”、“私田”的所有权都属于周天子，用益物权或“承包经营权”则属于诸侯，其核心在于梳理了“生产关系”和“社会脉络”，明确了土地权属的分配、劳动力的运用和地租的征缴。之后的商鞅变法“废井田、开阡陌”，保证了“私田”权益，允许土地自由买卖，开创了延续近两千年的制度模式，但此时形成的“重农抑商”、小家庭政策封闭了土地根本变革的可能性，此后的土地改革基本上围绕租税利益的划分，而缺乏产权以及政治制度上的变革（见附表2）。

辛亥革命后，孙中山提出“耕者有其田”的口号。中国1946—1956年贯彻“耕者有其田”，成立了合作社，在此期间起到了比较积极的作用；1958

年推行的人民公社制度将农民的土地变相“剥夺”，使农民的生产积极性受挫，一直到1978年的“去集体化”改革，让农民拥有了土地承包经营权，再次激发了生产积极性，促进了农村经济的发展（见附表2）。

近些年，在土地流转推动下，全国各地也推进了一些模式的土地改革，包括天津的宅基地换房、重庆的“双交换”模式、重庆的“地票”交易模式等（见附表3和附图1），对于探索城市近郊或远距离的土地资源优化配置、激活城乡要素市场、反哺“三农”、助推户籍制度改革、加快推进城镇化等起到了一定作用，但同1978年小岗村废除人民公社搞土地承包制相比，均没有对整个农业的发展起到非常革命性的作用。

（二）中国土地制度变革的启示

中国五千年的历史源远流长，土地制度变革各有特色，从几个重要历史节点的实践来看，有若干启示值得我们去思考。

土地制度需因时而变，与经济和社会发展阶段相适应，当前应充分吸取历史经验，加快推进土地制度改革；但在进行制度变革时，需在既定的目标下因地制宜，不宜全国“一刀切”，应采取灵活多样的办法达到目的，可减轻改革的阻力，达到事半功倍的效果。

中国历朝历代的土地制度变革多与财政等因素相关（即所谓的税源、粮食和兵源），并未将土地制度安排与保护庶民的财产权利等联系起来。现阶段的改革要让农民对土地拥有相对完整的产权，加快土地的灵活流转，并减少行政干预，降低制度成本。

土地政策的设计要经过深入、实地的前期研究，计划先行；土地改革的实施要有法律政策的指导，更要有实际的行政推动力。历史上，一个新政权要稳固发展，必须要将行政力量深入到基层，直接与农民建立赋税关系，如果没有基层组织，不仅无法管理农民，也无法足额收税。

农业的发展需要宽松的政策环境，政府需降低税负，简化赋税品种，并实现赋税公平，切实保护农民权益。

一定程度的土地集中对农业技术的推广、财富的积累和农业生产力的提高均起到积极促进作用。加强规模效益、机械化耕作、商品化生产、企业化经营、金融全方位支撑是促进现代农业的积极举措。

三、主要国家和地区农业发展模式对比

从全球来看，决定农业发展的因素主要包括劳动力、土地和工业技术水平三个方面。美国经济学家弗农拉坦的实证资料证明：世界上劳均土地在450亩以上的国家，基本上走的是机械技术型道路；劳均土地在45~450亩的国家，走的是生物技术—机械技术交错型道路；而劳均土地不足45亩的国家，多数走的是生物技术型道路。具体来看，由于国家和地区之间资源禀赋、社会经济条件等存在差异，在三大类型之下，各国和地区农业发展的道路和特点又各不相同，形成多种特色。目前，比较典型的模式有美国模式、日本模式、韩国模式、以色列模式、荷兰模式、中国台湾模式和德国模式。

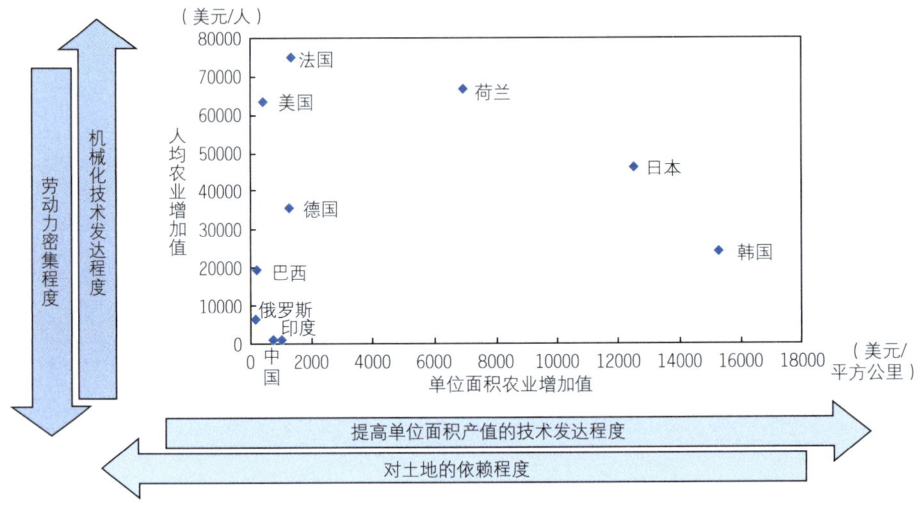

数据来源：Wind资讯。

图1 各国农业发展模式对比

（一）美国：规模经营型模式

美国幅员辽阔，耕地资源丰富，但农业人口相对较少，因此采用大规模农场经营的发展模式，也称“大农业模式”和“石油模式”。以提高劳动生产率为核心，以机械化、规模化为途径，采取“规模化生产+市场机制+政府保护”的做法。

表1 美国模式的主要特点及优劣势

	主要特点	优劣势
规模化农场经营	6000亩以上的大型农场由20世纪初的0.7%上升到20世纪末的9%，占耕地面积的65%；600~3000亩的中型农场由20世纪初的42.3%下降到20世纪末的37.8%，占耕地面积的比例由50.6%下降到17.9%	

（续表）

主要特点		优劣势
高度机械化和化学化	美国农业机械化程度世界第一；农业化学品和化肥的使用量不断降低	优势：美国模式极大提高了劳动生产率，使美国成为世界上输出农产品最多的国家；专业化生产有利于降低成本，发挥地区优势；健全的市场机制为农业健康发展提供基础，农产品生产和销售完全依据市场变化进行调节，结构调整有的放矢，充分的市场竞争机制使得生产厂商竞争激烈，坑农、害农现象极少发生
高度专业化和分工化	农业形成专业化的生产布局，生产服务也趋向分工专业化	
高度市场化	土地和劳动力资源市场化，生产资料和农机具供应充分市场化，农产品销售市场化，发达的农产品信息网络使农民把握住市场的脉搏，具有发达的农产品期货市场，规范的现货市场也保障了期货市场的运行	
农业社会服务形成严密网络	美国农产品协会是介于政府和企业之间的一种行业组织，负责建立批发市场，定期举办交易和展示会，开展国际交流合作，举办专题培训，与政府保持经常性联系,将“农、工、商、产、学、研”有机结合起来；根据美国农业部合作社发展局发布的农业合作社统计资料，2006年美国农业合作社数量为2675个，社员人数达260万人，主要功能是为农民提供产、供、销环节的全方位服务	劣势：能源消耗大，利用率低，美国每人一年中消费的食物是用1吨汽油生产的，其农业生产方式需0.2~0.5卡热量才能生产1卡热量的食物，而传统方式只需0.05~0.1卡热量；财政负担大，积重难返，美国每生产1美元农产品需8美元投资，而钢铁工业只需0.5美元；污染环境，破坏生态，严重依赖化肥和农药，畜牧业的高度集中饲养造成空中和地下水污染，大面积的连年机械作业造成土壤流失和地力衰竭；单一作物种植减少遗传的多样性
重视农业科技和政府规范支持	农业科技贯穿生产各个环节，科研机构服务链完善，形成以科研、教育为后盾的农技推广体系，有计划地培养和造就一大批高素质的农业企业家；政府建立完备的法规体系，进行农业投资补贴和信贷支持，51%的农场主通过信贷支持购置地产和从事农业生产，政府还有可持续发展农业赠款	

资料来源：根据公开信息整理。

（二）日本：集约经营型模式

日本耕地面积有限，农业大规模生产受到限制，决定了其要走集约型发展道路。以提高土地生产率为核心，以加大技术和资金投入为特色，采取“小农经济+农协组织+科技教育+政府保护”的做法。

表2　日本模式的主要特点及优劣势

<table>
<tr><th></th><th>主要特点</th><th>优劣势</th></tr>
<tr><td>农协的组织保障与农民认证</td><td>日本农业的快速发展得益于政府对农协这个“政府代理机构”的大力支持，农协利用联合力量，承担起整个农业生产过程的大部分服务，将分散生产的农户同城乡结合的大市场有机连接起来，并在贯彻政府农业政策、保护农民利益、化解经营风险等方面起了十分重要的作用；此外，农业认证制度提高了农民参与农业生产的积极性，强化了农业经营基础，提高了农业、农村、农民的地位</td><td rowspan="5">优势：农协提高农民的组织化程度，提升生产的专业化水平；资源利用率高，通过因地制宜、规范指导、精耕细作、循环经济、全盘合作化的土地节约和劳动集约，以有限的土地投入获得高产出，为资源匮乏国家的农业现代化提供重要借鉴

劣势：农协垄断经营降低产业竞争力，农协凭借对农用物资和粮食购销的特权以及农村金融市场的核心地位等优势，形成了具有垄断性质的综合性商社，垄断经营造成机构庞大臃肿，管理成本高昂，管理效率低下，市场应变能力迟缓，也在一定程度上妨碍了市场的自由公平竞争；农户兼业不利于规模化经营和效率提高，造成农业劳动力老龄化、妇女化</td></tr>
<tr><td>土地利用高效化、集约化</td><td>通过农户和国家两条途径有组织地对农田进行规划、改造和开垦、改良，提高土地耕地面积和土地利用率；高度重视农业基础设施建设，建立完备的农业灌溉体系，畅通农村交通运输；政府借助法律的强制力量推动农地规模经营的发展；以推行适合国情的中小型农业机械为主循序渐进使农业机械化顺利实施，实现土地利用的高效化</td></tr>
<tr><td>农业科技推广常态化、效益化</td><td>确定了优先水利化、化学化而后机械化的方针，并把生物技术的研究和推广、施肥方法的改进等置于极其重要的地位；农业科研机构和专业设置齐全，设备和研究手段先进，经费充足，农业教育普及，劳动者科技素质较高；运用法律、财政政策等途径加强对农业科技推广的扶持</td></tr>
<tr><td>政府强有力的保护与扶持</td><td>财政金融手段：不断加大对农业的投入，农业投资占国民经济投资的比例已由20世纪50年代的20%左右上升至40%以上，为农业提供长期低息或无息贷款
法律手段：制定大量促进农业产业化发展的法律，不断进行完善，并通过一系列经济和行政手段保证法律的贯彻实施</td></tr>
<tr><td>农户兼业</td><td>政府对农业保护，农民外出打工也会保留土地，兼业农户约占农户总数的85%；近年来，工业和城市的重新布局极大改变了农村产业结构，为农户兼业提供了更广阔的空间</td></tr>
</table>

资料来源：根据公开信息整理。

（三）韩国：工业反哺农业的行政化推动模式

韩国土地面积少，人口密度居世界前列，农业耕地占国土面积的23%，韩国是一个多山的国家，资源贫乏，因此确立了以工业立国的发展战略。20世纪80年代后，依靠工业发展经济，并反哺农村和农业，走出了一条“新村运动+农协组织+科技教育+政府保护+出口导向”的快速农业现代化之路。

表3　韩国模式的主要特点及优劣势

主要特点		优劣势
“新村运动”促进农村综合发展	韩国1971年发起“新村运动”，该运动成为工业反哺农业，把城市物质文明以及价值观念、生活方式推向农村的重要载体；70年代初期的“新村运动”重视硬件建设，工作重点放在改善农民的生产和生活环境上；90年代以来，韩国掀起新一轮农村建设高潮，融入更多的文化内涵	优势：韩国推行“新村运动”，以工业反哺农业，通过城市支援农村，在农村硬件和软件上先后发力，全面提升了农业发展水平 劣势：农业保护扩大财政赤字，降低货币政策灵活性，也助长了农户对政府的高度依赖；自上而下的“新村运动”使地方自主权下降；“出口第一主义”降低农产品自给率，目前，在畜产品中，除牛奶和鸡蛋基本保证自给外，牛、猪、鸡等肉类的自给率都不足50%
完整、有效的社会服务体系	韩国自上而下设立三级农业服务体系，中央、道和市郡三级农业服务机构把科研、推广与培训工作纳入统一管理程序，统筹安排使用人力、物力与财力，减少中间环节，避免部门之间的摩擦和推诿，提高工作效率；1957年成立农协，经营内容包括供应事业、销售事业、技术推广事业、农产品加工事业、金融事业等，助推农业现代化进程	
支持“绿色革命”，重视农业科技和教育	1967年韩国掀起了以普及新稻种为中心的大米自给运动，并开始了“绿色革命”；在各方面的共同努力下，新品种及其栽培技术迅速普及；重视农业科研、教育和推广事业，建立全国性的农业信息网络，通过交流会和学习班定向培养农业接班人和农村指导员，尤其对青少年进行热爱农业、热爱农村的教育，利用各种设施和手段对农民进行专业技术、经营管理、农业政策等方面的培训	
农业保护	提高农产品收购价格；改善农产品和农业机械的流通条件；鼓励大城市的工厂和服务行业往“农工地区”迁移；调整农村产业结构，重点发展二三产业；利用“绿箱政策”改善农业基础设施	
产品高附加值，出口导向	在国际贸易自由化加剧的形势下，为保住国内农产品市场并打入国际市场，韩国政府把发展高附加值农业作为突破口，重点发展“区域特产”和设施园艺	

资料来源：根据公开信息整理。

（四）以色列：以节水为中心的高科技模式

以色列人口密度很高，土地资源却十分贫瘠，国土总面积的45%是沙漠，另一半不是高山就是森林，只有不到20%的土地是可耕地；以色列水资源也极其贫乏，是世界上人均占有水资源最少的国家之一。然而面对恶劣的自然环境，外加阿以冲突持续不断的周边环境，以色列依靠“资源节约+科技引领+政府引导+可持续发展+生产高度集约”的农业发展之路，创造出了“沙漠奇迹”，受到国际组织的高度评价。

表4 以色列模式的主要特点及优势

<table>
<tr><th></th><th>主要特点</th><th>优势</th></tr>
<tr><td>发挥科技的力量</td><td>以色列农业增产95%靠科技；滴灌技术克服缺水现实，以色列农业用水总量30年来一直稳定在13亿立方米，而农业产出却翻了5番；无土栽培技术弥补土地资源的不足，将蔬菜等作物种植在完全人为控制的“人工气候室”中，摆脱栽培条件限制，避免用土壤作为生长介质引起的病虫害问题，更有利于控制灌溉和农业机械化；分子遗传学、基因工程、细胞和组织培养法、“遗传调节”等生物技术提高农畜产品的产量和品质</td><td rowspan="3">节约理念促进科技创新，实现人与自然和谐发展，以色列所有的国民生产都以耗水量为主要衡量指标，通过发展节水灌溉和采用土壤覆盖保护，地区生态条件得到迅速改善；“产、学、研”高度结合，科技迅速转化为生产力，以色列很多直接从事农业生产的管理者都是著名科学家或资深专家；技术推广服务人员主要工作场所是农场、田间、果园，</td></tr>
<tr><td>有效的政府宏观调控和支持</td><td>建立起由政府部门、科研机构和农民合作组织紧密配合的农业科研体系；重视教育培训，大学以上文化程度的农民占47%，大力发展中等专业学校，技术推广服务中心经常举办各类技术培训班；开拓国际市场，农业部每年斥巨资在各国做广告，建立销售网络，密切追踪调查国外市场情况，进行市场预测，制订出口计划，批准新的项目，引导农民与国际市场接轨，对那些第一次打入国际市场的新品种给予特别奖励</td></tr>
<tr><td>发挥比较优势，调整产业结构</td><td>减少对土地资源要求较高的粮食作物的种植，改种和增种对土地资源要求较少，但对技术要求较高、产值高的蔬菜、水果和花卉，利用季节差价开拓欧洲市场；目前农业正向两个方面发展：一方面，继续减少常规农作物面积，大力发展特种水果和蔬菜；另一方面，发展生物工程系列产品</td></tr>
</table>

（续表）

	主要特点	优势
注重可持续发展	有计划地开发荒地、坡地和沼泽、滩涂，以改善自然环境；通过增加植被种植，绿化沙漠，科学使用农药、化肥等改善土质土层结构；通过“三污”回收与治理，以改善空气、环境和海水的质量；通过北水南调工程，改善全国的水资源配置；在以色列农业结构中，基本形成了粮食、经济作物、林业、畜牧业和渔业协调发展的良性态势	科研一旦取得成功，通过建立示范点迅速进行实地推广；农民既是生产者，又是管理者，他们不仅懂技术、会操作各种机械、懂电脑和网络，甚至可能担任着政府农业技术部门的顾问或推广人员
生产高度集约化	土地高度集约，土地全部属于国家所有，不允许买卖；水资源利用高度集约，污水处理再利用程度很高，城市污水处理净化后用于农业灌溉；生产组织高度集约，具有高度集约化的基布茨（集体农庄）和莫沙夫（私有农场），同时整个国家农业生产经营实现订单生产	

资料来源：根据公开信息整理。

（五）荷兰：比较优势下的专业化生产模式

荷兰人多地狭，土地十分珍贵。依靠精耕细作和“高附加值作物+集约化，专业化生产+政府引导”的农业发展特色，这个60年前还为温饱发愁的小国，一跃成为全球第三大农产品出口国，蔬菜、花卉的出口更是雄踞世界第一。

表5　荷兰模式的主要特点及优势

	主要特点	优势
发展高附加值农作物	荷兰以种植高附加值农产品为主要特色，着力发展高附加值温室作物和园艺作物	因地制宜，发挥比较优势；专业生产有利于设施专业化配置，降低生产成本，提高产品质量并形成
集约化、专业化生产	荷兰温室农业无论是蔬菜还是花卉，一般都是专业化生产、多品种经营，努力提高土地单位面积产量	

（续表）

	主要特点	优势
政府的积极引导与支持	荷兰政府采取了一系列符合国情和气候特点的农业发展战略及政策，避开需要大量光照和生产销售价位低的禾谷类作物的生产，充分利用地势平坦、牧草资源丰富的优势，大力发展畜牧业、奶业和附加值高的园艺作物；通过信贷政策和补贴政策，鼓励重点发展的领域和产业“快步增长”； 鼓励出口创汇，积极参加欧盟事务，使整个欧洲成了荷兰的农产品市场。	规模效益；专业化生产促进了专业领域的研究，使企业有长足的发展后劲，也为企业赢得了良好的市场份额

资料来源：根据公开信息整理。

（六）中国台湾：产业融合模式

工业化初期（20世纪50年代至60年代）中国台湾选择了“以农业培养工业，以工业发展农业”的策略，实施了一系列扶农政策措施，使台湾农业获得了极大发展。20世纪60年代后期以来，在成功完成“培养工业”的重任后，大量农业资本输出并流入工业，台湾地区传统农业开始出现衰退，促进农业结构调整和推进产业升级成为农业发展的必然。1970年后，发展外向型精致农业、休闲农业以及加速农业生物科技产业发展成为台湾地区农业发展的主流方向。

表6 中国台湾模式的主要特点及优势

	主要特点	优势
大力发展精致、休闲农业	精致农业：依托高新技术改造传统农业，以生产高品质、高科技含量、高附加值的农产品为目标，以特色化布局、标准化生产、产业化经营为主要抓手，从而实现高质量、高效益、高水平的现代农业生产体系 休闲农业：结合生产、生活与生态三位于一体，具有经济、社会、教育、环保、游憩、文化传承等多方面的功能，呈现出观光农园、市民农园、教育农园、休闲农场、休闲森林、休闲民宿等多元化发展形态，其成功经验是以农林牧渔产品的产销活动为轴心，生产和经营并重，实现可持续经营	产业融合生成经营新业态，利于产业升级与培育新经济增长点；标准化的生产、企业化的管理模式、产供销一体化的营销体系提升农业竞争力
科技创新和运用能力较强	台湾地区在农业品种改良、食品加工技术、自动化技术等方面均居国际领先水平	
农会组织功能齐全且运行规范	台湾地区农会组织网络健全，其主要功能有农业推广（包括推广优质品种、生产资料和先进适用技术，组织开展农民教育培训等）和供销经营（办理农产品运销及批发市场服务，办理农业生产资料及生活用品经营，兴办农业金融业务等）	
食品加工业较为发达	食品工业是台湾地区的传统产业，以食品加工带动农业工业化、农业企业化、农业商业化，缓解产销失衡的压力，增加附加值，维持农业持续经营	
运销体系健全且运行高效	台湾地区农产品运销体系的主要形式有批发市场、农贸市场、直销店、产销班，可以帮助农业生产者解决市场方面的后顾之忧，有力地推动农业产业顺利发展	

资料来源：根据公开信息整理。

（七）德国：“集约+机械”的混合模式

德国农业除提供食物外，还被赋予其他非常重要的功能：为工商业提供原材料，并为能源部门提供能源；保护自然资源，特别是保护物种的多样性、地下水、气候和土壤；提供良好的生活、工作和休养的场所。德国走出了一条将提高土地生产率和劳动生产率并重，“中小农场+机械化+产业多元+集约经营+生态农业”的发展之路。

表7 德国模式的主要特点及优劣势

<table>
<tr><th colspan="2">主要特点</th><th>优劣势</th></tr>
<tr><td>结构优化，产业多元</td><td>德国农业生产与加工业比例搭配合理、农牧结构搭配合理；从区域布局来看，北部农户种植业较多，南部饲养业发达；从农场经营来看，90%以上的农户饲养业和种植业多元并举，以减少风险投资；加工业占重要地位，呈现出加工业引导种植业的特点，农户产品的85%用作食品工业用的原料</td><td rowspan="4">优势：广泛发展“工业作物”，实现生态保护；种植可以用来生产矿物能源和化工原料替代品的经济作物，从中提炼新能源和化工品；“工业作物”也为化工和造纸工业提供数量可观的原料；产业多元使德国80%以上的农产品都能够自给

劣势：大而全的现代化途径使得农业生产力水平及农产品国际竞争力都不是一流的</td></tr>
<tr><td>集约经营，竞争有力</td><td>推进农业机械化和信息化，鼓励土地等生产要素加速流动，鼓励发展农业联合体和合作社</td></tr>
<tr><td>政策扶持，财政补贴</td><td>“绿箱政策”，政府依据不同作物的面积和牲畜的头数以及休耕面积进行补贴，人均高达4.5万马克，占农民年均收入的71.4%；成立专门的政策性银行——德国农业养老金银行，对扩大生产规模、降低成本、引进环保措施等投资提供补贴及贴息贷款；农业企业、合作社可免交营业税、机动车辆税，农产品增值税为7%，远低于其他产品的16%；农业企业用电量超过一定额度可享受80%的减税优惠，从可再生能源发电站购电可免税</td></tr>
<tr><td>生态保护，以人为本</td><td>生态农业逐步成为德国农业发展的新趋势，广泛发展“工业作物”，禁止使用化肥、农药、抗生素、转基因技术，实施轮作、间作和休耕制度；政策上实施环境保护补贴
以人为本：一是加强农民教育；二是实施农业社会保障制度，鼓励中老年农民提前放弃农业，从事农业的中老年人及其在农场工作的家庭成员失业的可得到赔偿金</td></tr>
</table>

资料来源：根据公开信息整理。

四、推动中国农业现代化发展的政策建议

中国农业乃至“三农”面临的挑战，是在高速工业化、城市化背景下出现的系统问题，不同层面的问题之间又有非常紧密的联系，因此需要站在整体的视角，从顶层设计入手，制订系统性的解决方案，逐步走出一条在互联网时代、第三次工业革命背景下的“融智+融资+融商”的现代化发展道路。

（一）选择符合国情和区情的现代农业发展模式

中国幅员辽阔，省份众多，地理条件、农耕条件各不一样，因此不宜搞“一刀切”的模式。建议在“十三五”规划中大力推动选择符合国情和区情的现代农业发展模式，注重发挥地方特色。如在东北、山东等平原较多、地域广阔、能实行规模经营的地方，可借鉴美国、德国模式，通过有效地转移农村劳动力来集中土地，推行机械化生产，实现规模经营；在长三角、珠三角、环渤海地区，可借鉴中国台湾模式，通过发展休闲农业、精致农业来打造区域特色和品牌；在西北干旱地区，可借鉴以色列模式，将地区劣势转化为新的生产力；在经济发展较落后、地形较复杂的云南、贵州等欠发达地区，可借鉴日本、韩国及荷兰模式，采取集约和特色化经营，通过引进先进适用的农业技术和加快农民技能培训，提升农业发展的深度、广度，实行产业化生产。

（二）试点以“股田制”为新动力加快推动农业现代化

从全球来看，农地制度改革一直是各个国家和地区农业与农村发展的一个主题。当前中国“三农”面临的一些问题也源于现有土地制度的制约，唯有通过改革来破题。农耕文明的时候，提出实现“耕者有其田”，迈向工业文明、知识经济时，可尝试走向“劳者有其股”。路径之一便是积极稳妥地加快试点“股田制”，鼓励农民以土地承包权入股，以村镇为单位组建农业发展股份有限公司，并可引入城市工商资本，将土地、劳动力、资金等各类生产要素整合起来，实现农业生产的公司化、规模化、专业化、现代化。

但土地问题涉及诸多利益集团，土地改革不能仅仅考虑既有的土地制度安排，还要顾及相关配套改革。

第一，“股田制”顺利实施的前提是将农民的土地产权“做实”。产权的完整性体现在产权是否包含了排他的使用权、独享的收益权及自由转让权。产权越完整，越能激励经济主体合理、高效地利用资源，进而提高资源配置效率和经营绩效。从世界各国和地区的情况来看，土地仍是公有与私有并存，但土地占有者的产权是“实在”的，这是农业适度规模经营和现代化的重要基础。因此，建议修改《农村土地承包法》、《物权法》、《土地管理法》等法律，明确将农民的土地承包权列为一种永久性权利，搞好土地承包权、宅基地和其他不动产的确权登记，夯实流转基础；并健全土地流转的管理制度和体系，规范流程，搞好服务；进一步健全搞活土地市场机制，促进有序高效流转。还可借鉴英国模式，将土地承包经营权划分为永业权和租业权，农地持有者拥有永业权，土地使用者拥有租业权。

第二，改革现有的征地制度，扭转土地出让的非市场化操作局面，确定“农地转用”的市场转让权。需要建立农地转工商业等非农用途过程中农民与城市政府乃至开发商的直接协商机制，允许农村土地直接进入一级市场。只要符合城市规划和土地利用规划的要求，土地开发商可以直接与村集体进行土地交易，使得村集体和村民可以保有土地出让的更多收益。

第三，改革税制。现有土地制度的缺陷在一定程度上与1994年的分税制改革有关联，让一些地方政府钻了空子，衍生出“土地财政”。因此，变革现行的土地制度，需要进行财权与事权的合理配比，建立一个责、权、利相结合的政府间财政体制。此外，考虑到农地非农化过程中政府的利益会受损，必然没有积极性去推动土地征收市场化，为此应引入、推进土地增值税和物业税（财产税），给地方政府提供更稳定可靠的增长税基，并通过设定合理的税率，弥补政府在土地出让金上的损失，抑制大规模征地和低价招商引资的冲动，切实保护农民利益，提高土地利用效率，降低耕地保护压力，最终实现城乡统筹发展。

第四，改革户籍制度。在以稳定产权为目标的农地制度改革的同时，必须要配套进行减少农村人口的户籍制度改革。只有通过户籍制度改革把“离土不离乡”的农民工永久、完全迁出农村，才能真正有效缓解人口变动带给土地调整的压力，将这些人口在农村持有的土地通过承包权与经营权的分离释放出来，稳定那些长期从事农业生产农户的土地承包关系，实现长期投资和适度规模经营。同时，应剥离土地的社会保障功能，建立城乡一体化的社会保障体系，为统筹城乡改革发展兜底。

（三）组建“政府主导、市场化运作、社会力量共同参与”的乡村规划设计院，促进“美丽乡村”建设

相较于美国、日本等国的美丽乡村，中国农村发展严重滞后，总体规划一直缺位。可考虑组建多家“政府主导、市场化运作、社会力量共同参与”的乡村规划设计院，融合各层级（部、省、地区所属）的农业规划科研机构人员、各类民间智库成员、研究公司人员、专家学者、农民企业家、农业专户以及金融、信息、旅游、食品加工、电子商务、医疗健康、社会服务、环境保护等多产业的研究实践力量，共同为国家“三农”总体发展路径、农业现代化模式、土地制度改革、新型城镇化、乡村基础设施建设、乡村社会服务体系构建、农业区域分布协调、农业产业升级融合、“三农”金融支持、农业科技创新、农村信息化和电子商务、农村居家养老服务、乡村生态修复等各方面提供规划设计和解决方案支撑，逐步打造出“基本公共服务完备、地域建筑风格统一、民族文化特色彰显”的“美丽乡村”，实现“三生三

农”的统筹协调发展。

（四）构建多层次的农村教育体系，全方位培养农业后备人才

综观各国和地区的农业发展经验，重视农业教育是其共同特点。中国的农村教育体系也需要作较大的改革，多层次、全方位培养农业后备人才。从总体来看，农村教育体系可构建为四个层次，分别拥有不同的教育核心、教育力量和培养方向。

层次一：学前教育、基础教育。教育核心为“基础认知+社会化能力+心理健康”，可采取政府主力办学与志愿者辅助援教的模式，大力开设山村幼儿园和山村小学，使乡村儿童获得公平受教育的机会。

层次二：中等职业教育。教育核心为“专业知识+专业技能+市场经营管理”，将部分乡村普通中学转型为农业职业技术学校，打造培养具有现代化核心技能的新型“职业化”农民。

层次三：高等大学教育。教育核心为“专业知识+科学研究+创新实验”，农业大学生要深入生产实践，实现产、学、研密切结合。

层次四：社会化教育、培训和科研机构。教育核心为“专业知识+实践经验+市场经营管理”，农业继续教育学院与各类专业教育培训机构相结合，达到终身教育目的；对农业管理者、学者、科研人员创业给予政策和资金支持，使知识便捷转化为现实生产力。

（五）积极拥抱“互联网+”，搞活农村电子商务

当前，互联网正悄然改变着传统农业种植模式、农产品流通方式等诸多方面，为农业现代化注入新的发展动力。中国农业由几千年小作坊式的小农

经济变为进入互联网时代的现代大农业不再遥不可及。

各地要抢抓大数据产业的发展机遇，积极运用物联网和云技术，实时、海量地收集、整理、分析农业生产各个环节的数据，搭建园区环境与病虫害信息感知监测系统、测土配方施肥平台、农产品质量溯源系统等各类数据平台，对农业生产进行实时监测、预警并自动防控，实现科技化生产管理。还可与国家、省、区、市、县、镇各级信息采集站实现数据共享，真正实现生态农业的现代化、智能化。

此外，要积极搞活电子商务，将线上产品引入农村，将线下农产品上网外销，实现农村线上与线下的有机结合。目前，阿里巴巴、京东、苏宁等电商巨头已纷纷布局农村市场，阿里巴巴更是进一步推出“村淘”计划，准备在1000个县建立10万个村淘网点。引入“村淘”项目，一方面可以便村民通过网络买到最便宜、最优质的商品，提高生活品质；另一方面可以让农村的绿色产品和特色产品走向更大的市场，帮助农民致富。此外，各地涌现的“淘宝村”也表明电子商务农村化已粗具规模。

（六）更好地发挥政府和金融机构在农业现代化中的作用

现代农业的发展离不开政府的引导保护和各类金融机构的支持，今后应着力从以下几方面入手更好地发挥重要作用。

一是加快农业立法进程，完善政府支农的制度安排、组织管理和政策体系。

二是加大农业投入，改善农业基础设施建设。采用政府直接补贴和信贷投入相结合的办法，加强中小河流治理，提高耕地质量，加强农业信息基础设施建设，推动城市基础服务设施向农村延伸。

三是建立和完善农业生产风险防范与保险机制。进一步建立和完善灾害救济制度，对于非人为因素造成的自然灾害，政府应给予农民一定程度的补贴；同时结合农业保险的特殊性，积极推行多种灾害保险制度。

四是对农业现代化、产业化新项目融资提供财政贴息，降低其融资成本；加大金融产品和服务创新力度（如针对季节性收购等流动资金贷款需求，多提供收购信用贷款、农产品订单贷款、保单质押贷款、小额保证保险贷款等；探索开展土地承包经营权抵押贷款业务）；推广产业链金融模式，推广“信贷+农业龙头企业+专业合作社+农户”等产业联合体融资模式；支持农业产业化龙头企业利用资本市场融资；鼓励融资担保机构积极研发担保产品，创新反担保方式，降低对农业企业的担保条件；此外，租赁、信托、期货、投资基金、评估等金融机构应有针对性地开展专业服务。

五是积极推动农村互联网金融发展。目前农村金融服务非常匮乏，农村互联网用户却在逐年上升。截至2013年，农村手机用户占比达84.6%，城市手机用户占比才为79.6%，8亿农村人口的互联网金融服务是一个巨大的空白点。

（七）将产业链、价值链等现代产业发展理念引入农业

要打破县域行政区划界限来规划布局项目，由点状、块状向带状聚集发展优势特色产业带，形成与支柱产业或龙头企业相适应、有特色的区域经济格局，实现专业化、规模化、产业化经营。

以农产品加工转化为龙头，带动原材料基地建设和完善农产品流通体系。以各类农场、庄园、特色产业带、产业园区等为载体，融合乡村休闲观光、现代服务业、高新技术产业，促进农村三产、城市和乡村的有机衔接，

形成多环相扣、互相依存的一体化产业链、价值链，从而推进经济一体化进程。

（八）发挥农业合作组织的重要作用

综观部分国家和地区农业现代化发展经验，无论是美国完全由农民自发联办的合作社，还是日本政府推动下的农协组织，都在连接分散的农户与大市场、节约交易费用、增加获利机会、增强农业抵御风险能力等方面发挥了不可替代的作用。

中国目前实行的是家庭分散经营与集体统一经营相结合的双层经营体制，但事实上在很多地方双层经营只剩下家庭分散经营这一个层次。发展中国的现代农业，应在探索“股田制”的同时，积极探索适合农业和农村发展特点的农业合作组织形式，加强农业科技推广体系和农业社会化服务体系建设。

（九）将可持续发展纳入政策框架

在当今资源减少、环境污染、生态破坏的背景下，各国和地区在发展农业现代化的过程中都逐步转向可持续发展之路。以色列农业发展与环境保护、资源配置的统筹协调，德国的生态农业，中国台湾的精致农业、休闲农业，日本和韩国的循环农业，以及近年来美国在可持续农业方面的探索实践，都在践行着可持续发展这一目标。

中国要在继续抓好生态重点工程建设、积极推进农村能源建设、大力推广循环经济模式的同时，研究制定符合中国国情的农业生态保护补贴政策，充分发挥农业合作组织的作用，调动广大农民的积极性，应用现代科学技术，保护、培植和充分利用自然资源，防止和减少环境污染，形成农林牧副渔良性循环，保持大农业稳定发展。

附录：

附表1 国内外农业现代化水平对比

主要指标	国内水平	国际水平
农业机械化水平	2014年全国农作物耕种收综合机械化水平为61%，小麦、水稻、玉米机收水平较高，但经济作物机收率较低，花生不到20%，油菜、棉花不到10%	美国农业综合机械化水平达到70%，美国、日本、法国、德国、荷兰等农业现代化先行国家主要作物机械化率达到100%
农业劳动力素质	农业主要劳动力受教育程度低，劳动力素质差，受过系统、正规农业技术教育和职业培训的人员极少，初中文化程度的农村女劳动力占50%以上，高中占10%左右，大专以上占3%左右	美国农场主大多是各州立大学农学院的毕业生；日本农民中大学生占6%，高中生占75%；法国7%以上的农民具有大学文凭，60%的青年农民具有中专水平，有继承权的农场主子女在接受基础教育后，还要再经过5年农校和3年学徒期，考试合格后才能取得从事农业经营资格；德国7%的农民具有大学文凭，53%的农民受过2~3年职业培训
农业科技贡献率	2014年中国农业科技贡献率为56%，中国农业科技研发总体水平与国际先进水平相差10~15年；同时，农业科技推广服务也不足；近年来，中国约50%以上的生猪、肉鸡、蛋鸡、奶牛良种以及90%以上的高端蔬菜种子还需要进口	主要发达国家农业科技贡献率已达75%以上，其中，美国、日本达到80%以上，法国达到90%以上
农业生产能力	中国农业劳动生产率约为世界平均值的一半左右，约为高收入国家平均值的2%，约为美国和日本的1%，中国一个农业人员可养活不足2人	美国农业劳动生产率是中国的90多倍，日本和法国是中国的100多倍，巴西也比中国高；德国、以色列一个农业人员分别可养活130人、90人
农业产业化水平	中国农业产业化整体水平较低，以家庭为单位的农业分散经营占主体，农业专业合作社发展较慢	日本90%以上的农民加入了农协组织；美国农业产业化经营主要分为农场主联合经营、农工商综合企业、农业合作社，美国农业合作社几乎无处不在

（续表）

主要指标	国内水平	国际水平
农业可持续发展水平	中国耕地数量和质量不断下降，1987—1989年年均耕地减少289亩，1990—1994年每年净减少490亩，此后的占补平衡政策在维持一定规模耕地总量的同时却难以遏制耕地质量下降的趋势；2011年农田灌溉水有效利用系数为0.51，远低于世界先进水平；每生产1公斤粮食耗水量高达800公斤；化肥使用比发达国家高出20%，化肥单位面积平均施用量达到29.53千克/亩，是安全上限的1.97倍，分别是美国、日本、法国的4.35倍、1.59倍、2.90倍；农药使用比发达国家高出15%；中国中度和重度污染的耕地面积占到了2.9%	发达国家的农田灌溉水有效利用系数达到0.7~0.8，国际公认的化肥施用安全上限是15千克/亩

资料来源：根据公开信息整理。

附表2　中国五千年土地制度变革史

时期	土地改革内容	评价
周代	“井田制”：“公田”和“私田”的所有权都属于周天子，用益物权或“承包经营权”则属于诸侯；农民面对的是诸侯，诸侯面对的是周王，原本是农民占有的“私田”打上了国家的印记，成为国家“给予”的	其核心在于“生产关系”和“社会脉络”，即土地权属的分配、劳动力的运用、地租的征缴
春秋	鲁宣公十五年实施“初税亩”，对“公田和私田”一律收税	改革的本意是增加中央政府的财政收入，但改革的非意图性结果是“私田”获得了合法地位，可以买卖，使土地商品化成为可能，当然它只具备西方所有权的有限产权或者说当时的“私田”占有者只拥有残缺的产权
战国	秦国商鞅变法，提出“废井田、开阡陌”，保证了“私田”的权益，允许自由买卖，农民有积极性去开荒；并将秦国军赋从“因地而税”变为按人口征收，百姓承担的赋税公平，就会尽力从事农业生产而不改做其他行业	战国时期的土地改革为历史上最为彻底的，从根本上击溃了贵族政治集团，开创了延续近两千年的制度模式；贵族政治和井田制逐步瓦解，走向崩溃，但此时形成的“重农抑商”、小家庭政策封闭了土地根本变革的可能性，此后的土地改革基本上围绕租税利益的划分，而缺乏产权以及政治制度上的变革

（续表）

时期	土地改革内容	评价
秦汉	“王莽改制”：试图回到“井田”时代，不允许土地买卖，企图阻止土地兼并汉武帝实施“代田法”：“二牛三人”对于提高农作物产量具有明显优势，但自耕农因势单力薄，不能配备必要的牲畜农具，无法实行有效的劳动协作，又因占有的土地不够多，劳动力不能充分利用，此法对拥有足够财力和物力的地主更加适用	以禁止土地买卖来阻止土地兼并的改革命中注定只是昙花一现；从生产力发展水平来上看，土地兼并意味着农业生产从分散走向规模经营，未必不是一种社会进步
北魏	“太和改制”：均田制，前后经历300多年，“耕者有其田”、“力田相称”，社会底层能够稳定，官僚精英与皇权得以“长治久安”；三长制，重建地方基层的乡官组织系统，规定五家立一邻长，五邻立一里长，五里立一党长，三长皆选择本乡“豪门多丁”之人充任，其职责为检查户口、管理农民、征发租调力役、维持乡里治安；新租调制，名义上以一夫一妇的小家庭作为受田纳租的单位，不再有户等差别，改变了原先赋税征收的混乱现象	均田制之所以能够推行，在于土地丰富；推行三长制，再造了基础组织，保障了财政收入；新租调制使人民负担大幅减轻；但国家保留了大量的土地产权，农户土地产权残缺，如规定田地的用途以及使用期限，对农户土地产权的管制增加了国家的制度成本；均田制按人分田，保证相对均等，实际上导致农业经营小农化
唐代	杨炎的“两税法”：按每户的实有田亩和资产数额征税；政府不再授田，土地可自由买卖；税额不定，符合实际；分户税和地税，手续简化；不分主户、客户，一律在定居地登记，按贫富缴税	“两税法”有利于降低收税成本，使官民两利，也扩大了税基，有利于增加财政收入，但新增税种时很可能重复征税，没有统一的税率和固定税额，为聚敛开了方便之门；“两税法”是中国古代社会赋税制度由前期向后期转换的分水岭，“两税法”后，国家“不立田制”，土地可自由买卖，此后各朝代“私田”占据主导地位；以“资产为宗”，体现出一定的均税精神，是历史的进步；以“资产为宗”，国家对农民的人身控制日益松弛，佃农身份合法化；为宋元时代所沿用，并开启“一条鞭法”和“摊丁入地”之先河
明代	“一条鞭法”：将田赋、力役及杂税合并，按照田亩和人丁摊分赋税，将部分力役并入田亩计算	简化了赋役名目和征收手续，使官民两便，可减轻无地和少地贫苦农民的负担，导致了朱元璋建立的“画地为牢”的社会秩序的解体，改变了政府和人民的关系，不另征丁税，而力役又可纳银代替，人民有较大的迁徙自由，可往城市另觅生计，刺激了城市工商业的发展；“一条鞭法”的实施意味着州县财政制度得以建立，之后中国官员开始有了按照预算安排本级官府财政开支的观念

（续表）

时期	土地改革内容	评价
清代	雍正"摊丁入地"：废除单独征收人口税，把过去所课税的丁银全部摊入土地田亩里，然后按单一标准征收税项	减轻了无地和少地农民的负担，更彻底地解放了人身，对劳动力进入商品市场起到很大促进作用；随着手工业和商业的发展，土地产权以及经营制度发生巨变，发展出一种类似英美法系的土地批租制度；以征银为主，白银在国家行政运作中有了前所未有的重要地位，不少白银被窖藏，退出流通领域，并未发挥有效作用；"摊丁入地"变革涉及面相当广，差不多触及所有土地较多的人，特别是地主富户的利益，但整体进展相对平稳，没有引起大的社会震荡，其原因在于清政府推行变革时采取了较为灵活的策略，不实行全国"一刀切"，允许各地区因地制宜进行改革
近代	孙中山提出"平均地权"和"耕者有其田"，具体为"二五减租"，即地租减低至不超过总收获的37.5%	改革失败的一个重要原因是减租政策设计不妥，未深入了解土地产权的现实就仓促推行改革，同时基层机构不健全，缺乏政策的执行机制，而政府的施政一般要经过立法程序，通过行政机构来进行，特别是基层行政机构与乡村组织
近现代	2008年之前，进行两次土地改革，重构底层政权服务工业化：1946—1956年，实行"耕者有其田"，但未主张土地私有化，并通过"集体化"（初级社、高级社）建立农村土地集体所有制；1978—2007年，"去集体化"，让农民拥有土地承包经营权，农民拥有极大的耕作积极性，同时，通过征地制度安排，并放开国有土地使用权交易，为城市化、工业化建设提供土地供应上的保障和财政资金保障 党的十七届三中全会后，允许农村集体经济组织或其他集体建设用地使用者通过转包、转让、出租、抵押、入股等多种方式进行农地流转，各地相继开展一系列改革创新，主要有宅基地换房、土地承包经营权换社保、城镇建设用地增减挂钩流转等模式	与打破旧有政权和旧的非正式制度等联系在一起，为新政权建立了基础，也为工业化奠定了基础；以1978年启动的家庭联产承包责任制为核心的土地制度改革增加了农民收入，促进了农村经济的发展，但审视36年后的现状，可以清晰地看到目前的土地制度也限制了农民的土地产权，导致经济产权受制于行政权，暴露出诸多弊端；党的十七届三中全会后各地试行的多种土地流转模式对于激活城乡要素市场、反哺"三农"、助推户籍制度改革、加快推进城镇化起到了一定作用，但同1978年小岗村废除人民公社搞土地承包制相比，均没有对整个农业的发展起到非常革命性的作用

（续表）

时期	土地改革内容	评价
现代	台湾地区三次土地改革：1949年开始第一次改革，内容包括“三七五减租”（也称“二五减租”，即地租减低至不超过总收获的37.5%）、“公地放领”（把“国有”和“省有”耕地的所有权转移为农民所有）、耕者有其田” 1979年开始第二次改革，加速“农地重划”，“辅导小农转业”，提供购地贷款，促进土地所有权转移，继续推广“共同经营”、“专业区”、“委托经营”等经营方式，扩大农业经营规模，促进农业耕作机械化和产品商品化，提高农民的务农意愿，修订农业政策，加强农政的统筹与管理 2009年开始第三次改革，建立老农退休机制，提供2006年或2007年连续休耕农地出租与承租奖励及补助，提供大佃农长期承租农地租金及经营资金优惠贷款，提供大佃农企业化经营辅导与补助，强化农地银行服务管理功能	第一次改革:使相当一部分农民获得了土地，极大地调动了农民的积极性，促进农业生产发展；租税的大幅降低和土地所有权转移使农民对土地的投入有了显著增加，粮食产量持续提高；土地改革后，农业增收，刺激工商业发展和社会繁荣；由于农产品出口换取外汇，购买进口设备原料，从而促进工业发展，部分农村土地资本转向工业生产，使消费性的土地资本转变为建设性的工业资本；在土地改革条件下的农业发展为培植工业的成长提供了市场、资金、外汇、劳力和原料，土地改革成为台湾地区经济腾飞的起点 第二次改革：目的是为了解决在以工商业为主体的情况下面临的农业困境，改善经营管理，扩大经营规模，实质是解除小农经济的束缚，为建立和发展现代大农业创造条件 第三次改革：目的是奖励小地主出租农地促进农业劳动结构年轻化，以及协助大佃农承租土地并朝企业化经营，降低生产成本，提高经营效率与效益，改善农业经营结构；此改革的方向是正确的，是改造小农经济的积极举措

资料来源：刘正山：《大国地权：中国五千年土地制度变革史》，武汉，华中科技大学出版社，2014；根据公开信息整理。

附表3 天津“宅基地换房”与重庆“双交换”模式对比

模式	核心	配套措施	差异
宅基地换房	坚持承包责任制不变、可耕种土地不减、尊重农民自愿原则，建设有特色、适于产业集聚的生态宜居新型小城镇，农民以宅基地换取小城镇的住宅并迁入居住，农民原有宅基地统一组织复耕；新的小城镇还规划出可供市场开发出让的土地，用土地出让收入来平衡小城镇建设资金	土地复耕：宅基地换房后，村委会组织村民对宅基地进行复耕，复耕后的土地依然发包给本村村民，不改变原有的土地承包责任制 就业途径：向全市企业推介，在本区域企业安排，设立新区居民培训学校 社会保障：为换房后的农民按城镇职工标准缴纳养老保险	参与对象：界定宽松 涉及的主要标的：宅基地使用权及宅基地上的原有房屋、新建小城镇中的新住房及国有土地的使用权，农民原有土地承包责任制不改变 运行主体：政府主导，采取融资和建设合一模式 户籍制度：换房后农民身份没有改变

模式	核心	配套措施	差异
双交换	分别用城市的社保和住房换取农村的承包地和宅基地；凡是有稳定的非农收入来源，并自愿退出宅基地使用权和土地承包经营权的村民，可申报为城镇居民户口，并在子女上学、养老保险等方面与城镇居民享有同等待遇，同时获得一次性补偿；退出的承包地由镇土地流转中心统一登记，由村土地流转服务站统一管理经营	子女入学：就近安排 就业扶持：由区劳动和社会保障部门免费提供职业技能或创业培训、就业指导和职业介绍，符合条件的可享受小额担保贷款、再就业援助等政策 社会保险：农民变市民人员在单位就业的，用人单位统一参加基本养老保险；未就业或灵活就业的，分类参加城镇或农村养老保险；随迁老人参加农村养老保险	参与对象：限定严格 涉及的主要标的：除宅基地及宅基地上的原有房屋、新建房屋及其国有土地使用权外，还有农民的土地承包经营权 运行主体：政府主导，采取融资和建设分立模式 户籍制度：农民变为市民，户口由农业变为非农业

资料来源：根据公开信息整理。

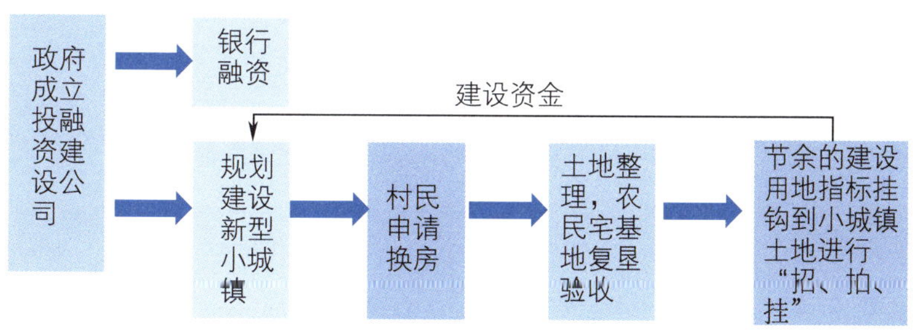

（一）天津华明镇“宅基地换房”模式

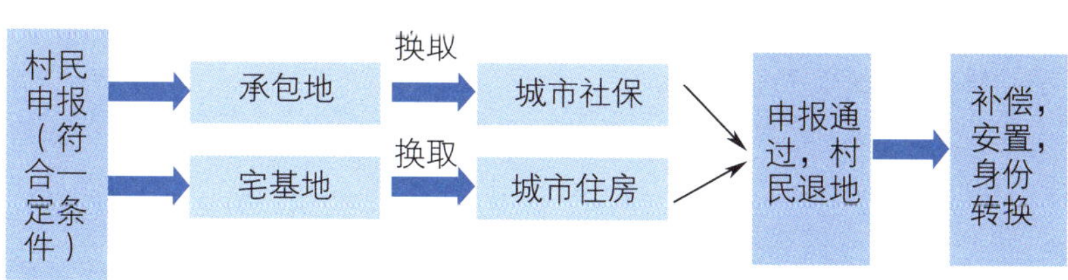

（二）重庆九龙坡区“双交换”模式

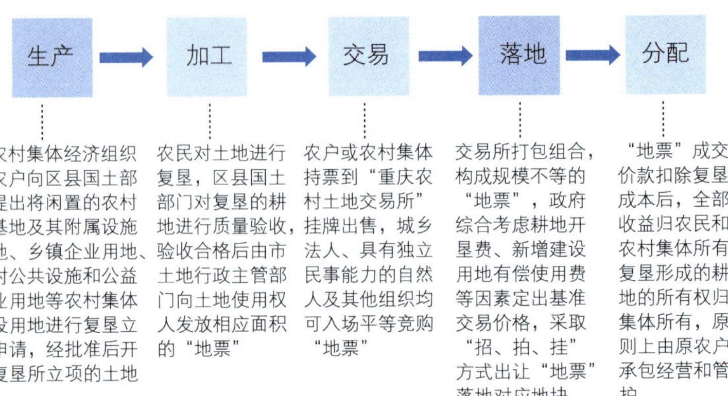

（三）重庆"地票"交易模式

资料来源：根据公开信息整理。

附图1　天津"宅基地换房"与重庆"双交换"和"地票"交易模式对比

2016

1

总 第 1 期

MINYIN ZHIKU YANJIU

民银智库研究

区 域 篇

区域篇

我国省级区域经济社会发展特点及政策建议

▶ 黄剑辉

为贯彻落实党的十八届三中全会提出的全面深化改革的战略部署，为我国制定“十三五”规划提供决策依据和参考，准确地衡量我国各省级区域在经济社会发展、人民生活、环境资源等各方面水平上的差距，在总结世界经济论坛全球竞争力指数（GCI）、国家统计局综合发展指数（CDI）等现有研究成果的基础上，我们运用、筛选了生产力水平、经济结构、基础自然资源、基础设施、财政、金融市场、知识经济与创新等12大类指标（归纳为“要素驱动”、“效率驱动”、“创新驱动”三种类型），对我国31个省级区域的发展水平进行了全面横向对比分析，并将其与全球平均水平进行对比，为各地方政府找准在全球、全国的定位和差距，制定未来改革发展战略提供参考。

一、“三期”叠加阶段区域经济下行风险加大

当前我国经济正处于增长速度换挡期、结构调整阵痛期和前期刺激政策消化期“三期”叠加阶段，经济下行压力不断加大。各省级区域由于资源禀赋、区位条件、经济基础和产业体系的不同，地区分化趋势明显，呈现出“东部地区稳中有进，中部地区降势趋缓，西部地区下滑明显，东北地区缓中存忧”的特点，地区经济发展面临的困难和矛盾更多、更复杂。

东部地区稳中有进。东部地区是我国率先实行改革开放的地区，外向型经济发达，在产业体系、基础设施、金融服务、科技研发等方面都已形成一定优势。

中部地区降势趋缓。中部地区工业基础较好，产业发展较为全面，近年来该地区充分发挥区位优势，积极承接东部地区产业转移，产业结构得到进一步的调整和优化。

西部地区下滑明显。西部地区多以资源、能源输出为主，产业结构相对单一，且大多数处于产业链上游，自我调节能力不强，承受经济波动的能力明显偏弱。

东北地区缓中存忧。东北地区面临的困难较多，在当前产能过剩严重

和环保政策力度加大的背景下，东北三省单一且相对落后的产业结构难以适应经济形势的变化，其主导产业重工业产值增速回落明显，导致经济增速下滑。

（一）产业结构趋于合理但转型升级任务依然艰巨

在经济发展下行压力较大的背景下，投资仍是各地拉动经济增长的主要手段。

2013年，我国服务业占GDP比重首次超过第二产业，达到46.1%，比第二产业比重高出2.2个百分点，这意味着我国产业结构和消费结构升级到了新水平。产业结构发生积极变化，预示着未来我国居民消费增速将会加快，政府公共服务体系也将进一步健全，推动服务业发展更加迅速。这反过来也会进一步刺激消费，提升消费对GDP增长的贡献率，增强经济增长的稳定性。此外，由于第三产业对就业的拉动能力更强，服务业比重提升对就业产生积极影响。但我国服务业地区之间发展不平衡特征明显，地处东部发达地区的北京和上海的服务业比重已分别达到76.9%和62.2%。而中西部地区服务业占比仍然偏低，排名末位的河南服务业比重只有32%。

同时，近年来我国东部地区大量传统产业加速向中西部地区转移，但新兴产业尤其是战略性新兴产业成长仍然较慢，尚未形成新的经济增长点。当前，中西部地区与东北地区经济增长仍然严重依赖资源、原材料行业和传统重化工业。未来我国各地区产业转型升级任务依然艰巨，东部地区需要加速实现由要素投入型向创新驱动型经济发展模式转变，成为我国创新的经济增长极；中西部地区和东北地区则应加速淘汰落后产能，加快传统产业改造升级，实现经济结构多元化。

（二）自然资源人均占有量低，空间分布严重不均衡

我国整体人均基础资源占有量较低，且空间分布严重不均衡。西藏、青海人均淡水资源占有量大大高于全国平均水平，分别是全国平均水平的63倍和7倍。而北京、宁夏、上海三地人均淡水资源占有量最少，还不到全国平均水平的1/10。

西北、东北地区在石油、天然气、煤炭等方面占有明显资源优势。新疆人均石油储量为25.3吨，是全国平均水平（2.5吨/人）的10.1倍；新疆人均天然气储量达41761立方米，是全国平均水平（3234立方米/人）的12.9倍；山西人均煤炭储量为2516吨，是全国平均水平（170吨/人）的14.8倍；辽宁人均铁矿石储量达125吨，是全国平均水平（14.4吨/人）的8.7倍。

东北地区和西部地区耕地资源比较充足，其中黑龙江和内蒙古人均耕地面积分别为4.64亩和4.44亩，是全国平均水平（1.37亩/人）的3.3倍多和3.2倍多。东部地区耕地资源比较少，浙江、天津、福建、广东、北京、上海的人均耕地面积均不到全国平均水平的1/2。

根据第八次全国森林资源清查（2009—2013年）的结果，我国森林覆盖率已达到21.63%，较第七次普查结果（20.36%）提升1.27个百分点。我国森林资源进入了数量增长、质量提升的稳步发展时期。但森林覆盖率远低于全球31%的平均水平，人均森林面积仅为世界人均水平的1/4，人均森林蓄积只有世界人均水平的1/7。森林资源总量相对不足、质量不高、分布不均的状况仍未得到根本改变，我国林业发展还面临着巨大的压力和挑战。

（三）基础公共服务水平区域差距显著缩小，短期内仍难以实现均等化目标

党的十六届六中全会明确提出，逐步实现基本公共服务均等化。经过党的十七大、党的十七届三中全会、党的十八大等重要会议的强调和部署，基本公共服务均等化的总体实现已成为到2020年全面建成小康社会战略目标的重要内容。

为加快推进基础公共服务均等化，中央和地方财政不断加大政策倾斜力度。目前，医疗和教育领域已取得显著进展。2012年，我国中西部地区万人医师数和万人病床数均实现较快增长，东部发达地区医疗资源配置有所缩减，北京、上海和天津三个直辖市万人医师数和万人病床数跌幅居全国前三位。在教师资源方面，在初等教育（小学）和中等教育（初中、高中）阶段，中西部地区的万人专任教师数已经远超东部地区。

但由于公共服务水平地区之间的差距过大，短期内仍难以实现公共服务均等化目标。2012年，北京每万人拥有执业（助理）医师数较2011年减少了18.5人，降幅居全国首位，但北京每万人拥有执业（助理）医师数仍高达35.9人，是全国平均水平（19.4人）的近1.9倍。

（四）各区域财政、金融水平差异较大

近年来，我国地方财政收入整体保持增长，但各地财税实力差距较为明显，北京、上海的地方财税实力明显高于其他地区。2013年上海财政收入占地区生产总值的19.%，而最低的河南仅为7.5%；北京人均年税收收入达1.51万元，是最低的甘肃的11倍；北京税收收入占地区生产总值的17.3%，而最低的湖南仅为5%。

尽管近些年来我国金融行业发展迅速，但区域之间的发展程度差异仍然较大。东部地区的广东、浙江、江苏、上海和北京的金融业增加值合计占全国金融业增加值的49%，形成了“金融高地”；西部地区借助国家政策扶持及资源优势，金融发展程度次之，资本市场甚至出现“东边不亮西边亮”的态势；中部地区和东北地区金融发展较弱，导致出现“马太效应”，排名靠后省份的金融业增加值占比甚至出现不同程度的下降；保险业发展程度整体偏低，保费收入占GDP的比重仅为3.03%，保费在社会中流动性低。分地区来看，各省（区、市）并未出现严重的区域差异，平均最高的北京保费收入占地区生产总值比重也仅为5.1%，远低于欧美水平。未来中西部地区缩小差距、促进金融更好地服务实体经济发展任务艰巨。

（五）保护环境与发展的深层次矛盾日益凸显

近年来，我国大力倡导生态文明建设，在资源综合利用和环境保护方面取得了一定的成就，但是不容忽视的是，一些发展与保护的矛盾依然存在并且较为突出。

从大气环境来看，空气可吸入颗粒（PM10）浓度高于全国平均水平的主要分布在京津冀地区和西北地区，京津冀地区的雾霾问题已经成为影响居民生活的重要障碍。为了改善空气质量，地区结构调整正在积极推进，各方都在大力推行大气治理，例如河北省关停了大量污染型企业。但在短期内雾霾天气对经济发展造成了较大的影响，对地区经济的平稳运行提出了更高的要求。

从单位GDP工业废水产生量来看，中西部地区的废水排放量较高，前10位中除广东省外，其余均为中西部省（区、市），粗放型的发展模式在中西部地区依然较为普遍，不利于创建集约型社会。同时，与2012年相比，2013年有25个地区的废水产生量出现了上升，说明该问题还未引起地方政府的重视，未来需要对该领域加强监管。

从单位GDP工业固体废物产生量来看，中西部地区的情况同样不容乐观，排名前10位的中西部省（区、市）达到7个，第一位的青海是全国平均水平的11.2倍。但从趋势来看，单位GDP的工业固体废物产生量喜忧参半，全国平均水平基本稳定，15个省（区、市）出现了下降，但福建和新疆的增幅在50%以上。

（六）人口红利进一步减弱，各地区劳动收入差距有所缩小

我国的人口红利进一步减弱，劳动力供给增速减慢，全国共有19个省（区、市）的劳动力比重有所降低，其中9个地区的降幅在1个百分点以上。适龄劳动力比重的降低表明我国已经越过刘易斯拐点，这对我国劳动密集型行业形成一定的影响，是沿海地区企业“用工荒”和“用工难”问题的部分原因。未来这一趋势将会持续，我国劳动力比重的降低和用工成本的提高，将推动沿海地区劳动密集型企业向中西部地区劳动力大省转移，并使得企业增加资金、技术等其他生产要素的投入。

从劳动力成本来看，全国的平均工资和最低工资水平分别出现了11.9%和12.7%的涨幅，职工收入增加也使得企业的用工成本进一步增加。从地区角度来看，平均工资增幅较高的地区主要集中在中西部地区，增幅前10位的省（区、市）中，中西部地区占到7个，增幅均在13%以上；最低工资同样如此，中西部地区增幅普遍高于东部地区，这表明中西部地区的收入水平在明显提高，地区间的收入差距在逐步缩小，这对缩小地区差距有积极作用。

（七）科技创新实力整体不足，创新能力呈“逆地形”分布

目前，我国的自主创新能力整体来看依然较弱，关键技术和工艺有待突破，知识产权保护力度有待加大，技术创新机制还不够完善，技术交易市场的服务功能仍需要增强。

中西部地区与东部地区在科技与创新能力上差距明显，在人才培养、经费投入、成果转换方面均呈现“东部高，西部低”的“逆地形”现象，制约了当地产业技术水平的提高。

从经费投入来看，2014年，北京科研投入占地区生产总值的比重达到6.03%，不仅在全国占绝对优势，从全球来看，超过了最高的韩国（4.04%），江苏、广东、北京和山东的科研投入就占全国总量的44.9%。2014年，中西部地区有12个省（区、市）的科研经费投入占GDP的比重仍未达到1%。

从人力资源投入来看，2014年，广东、江苏、浙江和山东的人力资源投入形成沿海第一梯队，总和占到全国总量的53.4%，而海南、青海和西藏三省占全国的比重仅为0.22%。

从科研产出来看，2014年，北京市万人专利授权量达34.7件，是排名最后的吉林的66.7倍；北京2014年人均技术市场交易额达14580.7元，遥遥领先于全国平均水平，是一些西部省（区、市）的上千倍。2012年高技术产业产值位列全国前5名的5个省（区、市）的产值总值达6.67万亿元，占全国的65.2%，广东2012年高技术产业占地区生产总值的比重达43.9%，而部分西部地区还不到1%。未来中西部地区如何通过加快创新推动发展是亟待解决的问题。

从现阶段的经济发展情况来看，中国尚存在较大的区域差距、城乡差距；产业发展不够协调，产业结构层次低；农业发展水平较低；居民收入和

消费水平有待提高；作为经济大国和外汇储备大国，中国对外投资空间还很大。这种状况与“中国经济升级版”所规划的中期发展目标——经济协调发展、居民共同富裕及“中国梦”所期盼的长期发展目标——国家富强、人民幸福还相距较远，而这正是中国经济未来发展的巨大潜在空间。具体来说，这些潜在空间体现在九个方面，即城镇化、区域协调、基础设施、农业现代化、产业结构升级 、服务业升级、环保产业、消费水平和海外投资。

二、政策建议：构建与不同地区生产力水平相适应的发展模式，明确相应的发展目标与重点

从整体来看，我国各省级区域在社会、经济、资源、环境等领域的差距较大，发展不平衡问题突出。由于各地的发展条件和资源禀赋差异性较大，需要构建与不同地区生产力水平相适应的发展模式，明确相应的发展目标与重点。

东部地区经济发达，发展效益高，财政金融实力雄厚，集中了大量资金、基础设施、医疗卫生、科技教育和人才资源。但资源、环境承载力已经趋于饱和，面临经济发展和转型的双重压力。东部地区从发展程度来看已经基本实现了经济发展由“要素驱动”向“效率驱动”的转化，未来要进一步向“创新驱动”发展。这需要重点从人才培养、技术创新、加大开放程度等领域着手，发展现代服务业、高科技产业与金融业。

中部地区具有良好的区位优势，自然、文化资源丰富，科教基础较好，工业基础比较雄厚，生态环境容量较大，但面临“三农”问题突出、工业化水平不高、城镇化水平较低、扶贫开发任务艰巨等矛盾和问题。

西部地区资源丰富、消费市场广阔，近年来经济增速普遍超过东部地区，但经济基础薄弱、产业结构不合理、自我发展能力不强，基础设施和公共服务投入与东部地区相比有较大差距。

东北地区工业基础雄厚，发展条件较好，但面临产业层次低、生产方式粗放、矿产资源枯竭、环境污染严重等诸多问题。

可以看出，中西部地区和东北地区目前从发展阶段来看仍处于经济发展由“要素驱动”向“效率驱动”过渡的阶段，未来的发展重点是提高要素使用和资源配置的效率。这需要重点从经济结构调整、制度创新、转变政府职能、提高资金使用效率等方面入手，淘汰落后产能，发展现代农业、战略新兴产业和先进装备制造业。

（一）完善跨区域、次区域战略布局

针对各个区域不同的资源禀赋、发展基础和区域特点，实施各有侧重的跨区域、次区域规划。推动东部地区实现更高层次的开放发展，发挥东部地区拉动全国经济增长的重要引擎和特殊“稳定器”作用。努力扭转东北地区经济下滑趋势，进一步激发发展活力。落实促进中西部地区发展的相关政策措施，推动内陆和沿边开放，保持中西部地区经济平稳较快增长。重点推进“一带一路”、长江经济带、京津冀协同发展等国家跨区域、次区域战略布局。

丝绸之路经济带和21世纪海上丝绸之路是我国在新形势下深化改革开放格局、推进周边外交的重要战略。“一带一路”建设将涵盖基础设施建设、提高互联互通和经贸合作水平，以及打造中新经济走廊、新亚欧大陆桥经济走廊、中伊土经济走廊等多方面内容，涉及铁路、公路、航空、电信、能源、文化旅游、商贸物流、能源、金融等多个领域。“一带一路”建设有利

于我国开辟对外开放的新渠道，极大地拓展我国经济发展的战略空间，为国民经济持续稳定发展提供有力支撑。

长江经济带覆盖上海、江苏、浙江、安徽、江西、湖北、湖南、重庆、四川、云南、贵州11省（市），面积约为205万平方公里，人口和地区生产总值均超过全国的40%，是我国综合实力最强、战略支撑作用最大的区域之一。未来长江经济带应依托长江黄金水道，打造水路、铁路、公路、民航、管道等多种运输方式协同发展的综合交通网络。挖掘长江中上游腹地的巨大内需潜力，促进我国经济增长空间从沿海向沿江内陆拓展，打造长三角、长江中游和成渝等重点城市群。发挥长三角地区的引领带动作用，促进长江中上游地区有序承接产业转移，缩小东部、中部、西部地区差距，促进地区间协调发展。

京津冀地区被视为我国经济增长的“第三极”，但与长三角和珠三角经济圈相比，京津冀协同发展面临很多深层次的矛盾和问题。未来京津冀协同发展，应从交通一体化、生态环境保护、产业协同发展三个领域率先突破，整合区域优势资源，深入推进多层次、多领域的务实合作，打造具有国际竞争力的城市群，打造区域发展新引擎，带动环渤海和北方地区发展。

（二）加快推进中西部地区基础设施建设

目前，中西部地区经济结构不合理、自我发展能力不强的状况没有根本改变，铁路、公路、机场等交通基础设施建设与东部地区相比还有很大差距，水资源短缺和生态环境脆弱的瓶颈制约仍然存在。未来还需不断加大中西部地区交通、信息、能源、水利等基础设施投入，完善中西部地区基础设施，改善地区投资环境。

未来中西部地区应顺应经济发展规律，加快承接东部地区产业转移，促进新型城镇化建设和贫困地区致富，拓展就业和发展新空间，推动经济向中高端水平跃升。加大中西部地区薄弱环节投资力度，加快改善交通、信息、能源等基础设施，强化金融服务，为中西部地区发展创造良好的“硬环境”和“软环境”。在资源环境承载能力较强地区，培育形成新的增长极，促进经济增长和市场空间由东向西、由南向北梯次拓展，推动人口经济布局更加合理、区域发展更加协调。

（三）进一步完善公共服务体制，加快推进区际基本公共服务均等化

逐步实现公共服务均等化，形成惠及全民的公共服务体系，是构建社会主义和谐社会的内在要求。实现区际基本公共服务均等化，需不断完善相应的体制机制。

首先，要制订全国统一的区域基本公共服务均等化总体规划，明确东部、中部、西部和省际间公共服务均等化的范围、标准和科学评价方法，对受援类地区划分类别和标准，力求民生类公共服务的提供、管理、监督规范化。其次，提高财政公共服务支出比重，改善财政支出结构。财政资金应逐步退出一般竞争性领域，加大对目前比较薄弱的基本公共服务领域的投入，确保新增财力主要投向就业和再就业服务、基本社会保障、义务教育、公共卫生和基本医疗、公共文化、公益性基础设施、生态环境保护、公共安全等方面。最后，完善财政转移支付制度，加大财政转移支付力度，通过中央财政转移支付来缩小东西部和省际间在公共服务上的差距。

（四）加大支持中西部地区金融发展的政策力度

随着区域开放新格局的展开，区域战略对地区经济的促进作用进一步增强，尤其对于中西部地区而言，区域发展新格局正在形成，其中丝绸之路经济带将为中西部地区向西开放打开新的通道，这是中西部地区面临的重大发展机遇。

目前，中西部地区的经济和外贸正在快速发展，对金融服务的需求将会大大增强。未来，应加大对中西部地区金融发展的政策供给，推动金融业与经济的同步发展。针对中西部地区产业结构调整和升级需要，应采取差异化信贷政策，有保有压，重点支持中西部地区积极承接沿海地区和国际产业转移，优化产业结构，培育新的区域经济增长极；针对丝绸之路经济带的基础设施投资需求，可更多地发挥中长期信贷的作用，缩小与东部地区的差距；借助中西部地区对外贸易的蓬勃发展，逐步推进人民币的国际化步伐，完善人民币跨境结算，推动中西部地区金融业的发展和区域性金融中心的形成。

（五）加大创新投入力度，提升科学技术水平

强化“制造业立国”、“实体经济立国”理念，形成国家整体应对战略，着力改革教育体制，加快培养创新型人才，缩小地区间高等教育水平差距；明确加大创新投入（占GDP的3%以上），借鉴德国、韩国、以色列的经验，并与之加强相关领域合作，改革创新体制，实现“政府、市场双到位，国企、民企双进步”，全面提升中国制造业的国际竞争力；合理选择关键领域，给予相关财税金融政策支持，大力推动技术创新；遵循新兴产业发展规律，提出相关制度安排，有序促进新技术产业化；完善相关制度，加大知识产权的保护力度，营造有利于创新的环境。

我国各省（区、市）2015年经济运行及2016年发展目标分析

▶ 王静文 应习文 刘德伟 张雨陶 刘 杰 刘桂林

截至2016年2月末，全国31个省（区、市）均已召开“两会”，各地相继公布了2015年经济增长目标任务完成情况及2016年经济发展目标任务。

一、我国各省（区、市）2015年经济运行有喜有忧

从2015年全国31个省（区、市）经济增速来看，共有18个省（区、市）完成年初设定的经济增长目标任务，其中重庆市和西藏自治区经济增速并列第一，均为11%；24个省（区、市）经济增速高于7%，超过全国6.9%的经济增速。

表1 31个省（区、市）地区生产总值相关数据一览表

位次	地区	2015年地区生产总值总量（亿元）	2015年地区生产总值实际增速（%）	2015年地区生产总值预期目标（%）	2016年地区生产总值预期目标（%）
1	重庆	15720	11.0	10.0	10.0
2	西藏	1026	11.0	12.0	10.0以上

（续表）

位次	地区	2015年地区生产总值总量（亿元）	2015年地区生产总值实际增速（%）	2015年地区生产总值预期目标（%）	2016年地区生产总值预期目标（%）
3	贵州	10503	10.7	10.0	10.0左右
4	天津	16538	9.3	9.0	9.0
5	江西	16733	9.1	9.0	8.5以上
6	福建	25980	9.0	10.0	8.5
7	湖北	29550	8.9	9.0	9.0左右
8	安徽	22006	8.7	8.7	8.5左右
9	云南	13718	8.7	8.5	8.5左右
10	新疆	9400	8.6	9.0	7.0
11	湖南	29047	8.6	8.5	8.5
12	江苏	70600	8.5	8.0	7.5~8.0
13	河南	37010	8.3	8.0	8.0
14	青海	2417	8.2	8.0	7.5
15	甘肃	6790	8.1	8.0	7.5
16	广西	16803	8.1	8.0	7.5
17	宁夏	2912	8.0	8.0	7.5以上
18	广东	72813	8.0	7.5	7.0~7.5
19	山东	63002	8.0	8.5	7.5~8.0
20	浙江	42886	8.0	7.5	7~7.5
21	陕西	18172	8.0	10.0	8.0
22	四川	30103	7.9	7.5	7.0以上
23	海南	3703	7.8	8.0	7.0~7.5
24	内蒙古	18033	7.7	8.0	7.5
25	北京	22969	6.9	7.0	6.5

（续表）

位次	地区	2015年地区生产总值总量（亿元）	2015年地区生产总值实际增速（%）	2015年地区生产总值预期目标（%）	2016年地区生产总值预期目标（%）
26	上海	24965	6.9	6.9	6.5~7
27	河北	29806	6.8	7.0	7.0左右
28	吉林	14274	6.5	6.5	6.5~7.0
29	黑龙江	15084	5.7	6.0	6~6.5
30	山西	12803	3.1	6.0	6.0左右
31	辽宁	28743	3.0	6.0	6.0

数据来源：根据相关资料整理。

（一）广东、江苏、山东地区生产总值保持全国前三

2015年全国31个省（区、市）中，总量在万亿元以上的有25个，较2014年增加1个。经济总量位居前三位的依然是广东、江苏、山东三省，其中广东、江苏两省的地区生产总值总量首次突破7万亿元，山东首次突破6万亿元。

（二）18个省（区、市）完成增长目标，13个省（区、市）未达标

2015年全国31个省（区、市）中，14个省（区、市）超额完成全年经济增长目标任务；上海、安徽、吉林、宁夏4个省（区、市）的实际经济增速与目标基本持平；13个省（区、市）未能完成预期增速目标，其中排名倒数第一、第二的辽宁、山西与预期差距最大，同是6%的经济增长目标，实际经济增速仅为3%、3.1%。此外，陕西的增速低于预期2个百分点，福建、西藏均低于预期1个百分点。

（三）中西部地区经济增速相对较高，投资拉动是主因

2015年，中西部地区经济表现抢眼。其中，全国经济增速排名前三位的省（区、市）均来自西部地区，分别是重庆、西藏和贵州，增速分别为11%、11%和10.7%，均保持两位数增长；在24个经济增速“跑赢”全国的省（区、市）中，17个省（区、市）来自中西部地区，其中重庆、江西、贵州、湖北、湖南、安徽等的地区生产总值增速均超过了8.5%。其共同特征是投资增速较高，特别是基建投资增速保持在20%以上，成为拉动各地区经济的中坚力量。以重庆为例，近两年来重庆固定资产投资增速始终维持在17%以上，2015年固定资产投资同比增长17.1%，其中基础设施投资增长28.6%，对拉动投资起到关键作用。受固定资产投资影响巨大的还有西藏，作为一个经济总量较小、经济增速位列全国第二位的地区，西藏在过去五年间累计完成全社会固定资产投资4642亿元，投资成为拉动经济发展的主要手段。经济增速同样名列前茅的贵州，2015年完成固定资产投资10676.70亿元，同比增长21.6%；“十二五”时期累计完成固定资产投资36089.30亿元，2012—2015年年均增长29.5%，高于全国同期11.7个百分点。

（四）东三省与山西经济增速排名垫底

2015年31个省（区、市）的经济增速排名中，辽宁、山西、黑龙江、吉林、河北等能源资源集中的地区经济增速分别位列全国后五位，去产能压力较大。其中，辽宁经济增速创23年来最低值，山西自2014年以4.9%的经济增速垫底以来，2015年经济增速进一步下滑至3.1%。东北经济发展面临的困境来自产业结构偏向于资源型企业以及重化工业、民营经济严重滞后、经济体制仍然落后于经济转轨的进程、自主创新能力偏弱和人口红利不断流失五大

因素。山西是“一煤独大”的畸重型产业结构，煤炭支撑着山西工业的半壁江山。2015年煤炭等能源、原材料价格持续下跌，煤炭行业累计亏损94.25亿元，致使山西经济下行压力较大。

二、我国各省（区、市）2016年经济发展目标任务

从各地政府2016年的工作报告内容来看，稳增长已成为各地共识，多数省（区、市）将供给侧结构性改革、去产能、国企改革等纳入全年重点工作。

（一）超过半数省（区、市）下调2016年经济增长预期

经济增长目标是各地“两会”关注焦点之一。全国31个省（区、市）中，17个省（区、市）不同程度地下调了2016年的经济增速目标，超过半数，其中新疆、陕西和福建下调幅度最大，新疆从上年的9%下调至7%，陕西从10%下调到8%，福建从10%下调至8.5%，其余省（区、市）下调幅度均在0.5%左右。继上海2015年淡化经济增长目标后，不少省（区、市）将2016年的目标值设为区间值，例如，黑龙江、吉林、江苏和广东将目标分别设定在6%~6.5%、6.5%~7%、7.5%~8%和7%~7.5%。另外还有云南等8个省（区、市），虽然数值未变，但加了“左右”，如云南从此前的8.5%调整为8.5%左右，类似的还有湖南、湖北、河南、辽宁、山西、河北、重庆。另外，贵州、天津未调整经济增长目标任务，分别保持10%、9%。

（二）多省（区、市）启动供给侧结构性改革和去产能计划

供给侧结构性改革和去产能成为地方经济工作会议和“两会”的热门议题。湖北、湖南、江西等地均提出推进供给侧结构性改革和化解过剩产能。

其中，湖北将坚决清除无效供给，挖掘潜在供给，创造医疗、教育、金融、交通、通信等多领域的新供给和新需求；湖南将淘汰1000家以上产能过剩的规模工业企业；江西在深化供给侧改革上将充分发挥市场机制作用，重在产业转型升级；甘肃将更多力量放在调结构、促改革上。已公布的去产能计划中，山东、山西、河北、宁夏、辽宁提出了较为具体的目标。例如，山东将围绕钢铁、煤炭、水泥、电解铝、平板玻璃、船舶、炼油和轮胎8个行业进行过剩产能化解和脱困发展；山西则提出要重点加大煤炭、焦炭、冶金等特困行业过剩产能化解力度；宁夏两年内将淘汰水泥产能500万吨，到2017年产能利用率从50%提高到80%；辽宁到2017年要全拆除10吨以下燃煤锅炉。

（三）地方国企改革全面加速

相继召开的地方“两会”及地方国资监管会议勾勒出地方国企改革路径，以重组、混改、资产证券化为亮点的地方国企改革进入全面加速期。福建提出逐步建立公益类和商业类国有企业分类管理体系，完善国有资产监管制度，加强国有企业结构调整与重组；宁夏提出稳妥推进自治区参股中央企业、区域国有独资企业混合所有制改革；新疆提出在制度上、政策上营造宽松的市场经营和投资环境，鼓励和支持各种所有制企业创新发展，提高企业投资信心，改善企业市场预期，推进电力等垄断行业改革，鼓励民营企业依法进入更多领域。

（四）多个省（区、市）设定雾霾下降和环境目标

多个省（区、市）把治理雾霾作为重要议题，并设定雾霾下降目标。其中，北京将PM2.5浓度下降5%左右作为2016年的工作目标之一，同时要完成

300家一般制造和污染企业退出任务；河北2016年的目标是PM2.5浓度下降6%以上，并通过了《河北省大气污染防治条例》，制定了大气污染防治的规划和标准；山东拟对大气污染物排放不达标企业依法实施限产停产治理，抓好燃煤电厂、锅炉超低排放改造，减少散烧煤总量；福建实行生态环境损害赔偿，推行环境污染第三方治理；宁夏提出2016年要治理荒漠化土地50万亩，治理水土流失120万亩，生态修复76万亩，植树造林100万亩。

（五）多个省（区、市）加大扶贫脱贫力度

扶贫工作也是各地政府“两会”关注的焦点。河北将确保2016年内100万贫困人口稳定脱贫、一批贫困县“摘帽”出列，并提出要启动京津对口帮扶该省贫困县工作，完善省内较发达地区对口帮扶贫困地区机制，提高定点扶贫的精准度和有效性；宁夏将免除农村贫困家庭高中生学杂费，提高贫困地区中职学生生活费补助标准，推行扶贫开发政策与农村低保制度的有效衔接，易地搬迁3万人，产业扶持5万户；新疆将力争实现7个贫困县率先“摘帽”、810个贫困村率先退出、60余万贫困人口实现脱贫；福建将“精准扶贫”，注重精准识别，坚持贫困标准，坚持公开、公正，规范建档立卡，确保扶贫对象到户、到人。

（六）多个省（区、市）聚焦互联互通，加快融入“一带一路”

近两年来，“一带一路”成了地方政府工作报告中的高频词汇。从2016年各地政府工作报告内容来看，大多数省（区、市）把加快融入“一带一路”国家战略作为年度重点工作之一，旨在加大基础设施建设，促进各地互联互通。例如，宁夏将打造“陆上丝路通道”、“空中丝路通道”和“网上

丝路通道”三条通道，开工中卫至兰州、银川至呼和浩特的高铁，与全国高铁网联通，同时与80%以上的省会城市实现直飞；新疆将加快北、中、南三大通道和南北疆大通道建设，尽早实现对外通道与境内路网的互联互通，并积极做好中巴、中吉乌铁路前期工作；福建将加快区域空中通道、海上通道、陆海联运通道和信息通道建设，完善集疏运体系，提升口岸通关功能，促进人员和货物往来便利化。